高等院校**电子商务新形态系列**规划教材

电商视觉营销
全能一本通

U0683813

方玲 毛利 ◎ 主编
向庆丽 余婕 庞玲玲 ◎ 副主编

人民邮电出版社
北 京

图书在版编目（CIP）数据

电商视觉营销全能一本通：全彩微课版 / 方玲，毛
利主编. -- 北京：人民邮电出版社，2021.1（2023.12 重印）
高等院校电子商务新形态系列规划教材
ISBN 978-7-115-54033-1

Ⅰ．①电… Ⅱ．①方… ②毛… Ⅲ．①网络营销－高
等学校－教材 Ⅳ．①F713.365.2

中国版本图书馆CIP数据核字(2020)第083514号

内 容 提 要

　　电商视觉营销是店铺提高流量和转化率的关键，在愈加专业化、精细化的电商环境中，视觉营销做得越好，店铺生存的空间就越大。本书从电商视觉营销的角度出发，先介绍电商视觉营销、视觉营销信息的传达等基础知识，接着对品牌视觉的塑造、商品主图视觉营销、店铺首页视觉营销、商品详情页视觉营销、广告与活动视觉营销等具体的应用知识进行了介绍，最后介绍了移动端视觉营销、电商主图视频和直播视觉营销等知识。

　　本书既可作为高等院校电子商务、市场营销等专业的教学用书，也可作为电商营销相关从业人员的参考书。

◆ 主　　编　方　玲　毛　利
　　副主编　向庆丽　余　婕　庞玲玲
　　责任编辑　孙燕燕
　　责任印制　周昇亮

◆ 人民邮电出版社出版发行　　北京市丰台区成寿寺路 11 号
　　邮编　100164　　电子邮件　315@ptpress.com.cn
　　网址　https://www.ptpress.com.cn
　　雅迪云印（天津）科技有限公司印刷

◆ 开本：700×1000　1/16
　　印张：14.75　　　　　　　　　　2021 年 1 月第 1 版
　　字数：304 千字　　　　　　2023 年 12 月天津第 7 次印刷

定价：69.80 元

读者服务热线：**(010)81055256**　印装质量热线：**(010)81055316**
反盗版热线：**(010)81055315**
广告经营许可证：京东市监广登字 20170147 号

前言
PREFACE

随着电子商务市场不断发展和壮大，主流的电商平台渐渐呈现店铺繁多、商品繁杂的情况。同时，商品同质化现象的加重也增加了消费者网购时的选择难度及商家的竞争压力。如何让消费者在众多同类商品中选择自己的商品，成为商家运营店铺时需要解决的主要问题。

电商视觉营销是基于视觉的营销方式，通俗地说，就是通过视觉设计吸引消费者的注意，最终实现营销的目的。优秀的电商视觉营销方案不仅可以使自己的商品区别于同类商品，加深消费者的印象，唤起消费者的购买欲望，还能使消费者在店铺停留更长的时间，为店铺树立良好的品牌形象。目前，视觉营销已全面应用在店铺运营的各个方面，对于电商商家而言，视觉营销更是店铺运营的必备手段。要想谋求店铺持续发展，电商商家必须掌握电商视觉营销的方法。

本书内容

本书深入贯彻党的二十大精神，从电商视觉营销的角度出发，系统全面地介绍了电商视觉营销的基础知识和实际应用方法，帮助企业和相关从业人员不断提高电商视觉营销的能力，从而提高整体运营能力。本书共9章，可分为3个部分来开展学习，各部分的具体内容如下。

第1部分（第1章和第2章）：介绍电商视觉营销的基础知识，包括电商视觉营销的内容构成、电商视觉营销的主要应用、与视觉营销效果相关的基础数据，以及视觉营销信息的传达等内容。

第2部分（第3章至第7章）：介绍电商视觉营销的实际应用，包括品牌视觉的塑造、商品主图视觉营销、店铺首页视觉营销、商品详情页视觉营销、广告与活动视觉营销等内容。通过对这几章的学习，读者可以熟悉电商视觉营销的主要应用范围和操作方法，快速掌握电商视觉营销的实战技巧。

第3部分（第8章和第9章）：主要介绍基于移动端设备的电商视觉营销，包括移动端店铺视觉营销打造、电商主图视频和直播视觉营销等内容，帮助读者掌握移动端的视觉营销知识。

本书特色

作为电商视觉营销的教材，与目前市场上的其他同类教材相比，本书具有以下特点。

（1）**思路清晰，知识全面**。本书从电商视觉营销的宏观角度出发，通过合理的知识结构分布，支撑电商视觉营销的各项内容，即先从基础的知识入手，循序渐进、层层深入地介绍电商视觉营销的内容、方法、应用等知识，使读者能够全面认识电商视觉营销的各项内容。

（2）**案例丰富**。本书每章的开头均以案例导入的方式引导读者进行学习，并在正文的知识讲解的过程中穿插对应的图示和案例，具有较强的可读性和参考性，可以帮助读者快速理解并掌握相关内容。

（3）**理论与实践相结合**。本书在讲解理论知识的同时，以课堂实训的形式加强读者对知识的理解与掌握；还设计了"课后练习"板块，帮助读者更好地巩固知识。

（4）**经验提升**。本书设置了"知识补充"栏目，补充与书中所讲内容相关的经验、技巧与提示，以帮助读者更好地总结和消化知识。

配套资源

拓展学习资源。本书以二维码的形式提供相关的微课视频和拓展知识，读者扫描二维码即可观看，这些资源可以帮助读者更加直观地学习相关操作，或进一步理解电商视觉营销的相关知识。

赠送资源。本书配有丰富的教学资源，包括PPT、教案、题库和拓展资源等，有需要的读者可自行登录网站进行下载。下载地址为：www.ryjiaoyu.com。

本书由方玲、毛利担任主编，向庆丽、余婕、庞玲玲担任副主编。由于编者知识水平有限，书中难免存在不足之处，欢迎广大读者、专家批评指正。

编　者

目录
CONTENTS

PART 2

第3章 品牌视觉的
塑造 ………… 59

第4章 商品主图视觉
营销 ………… 99

第 5 章 店铺首页视觉营销············125

PART 3

第8章 移动端视觉营销·············200

8.1 移动电商模式下的电商视觉·············201

8.2 移动端店铺首页视觉营销·············202

8.3 移动端店铺商品详情页视觉营销·············208

第9章 电商主图视频和直播视觉营销···214

9.1 认识电商主图视频和直播·············215

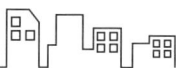

PART 1

第一章 认识电商视觉营销

■ 案例导入

　　假设在电商平台上有两家卖相同商品的店铺，大部分人可能会选择装修"更好看"的那一家。在淘宝网上，排名靠前的店铺和品牌，往往有十分亮眼的视觉设计，甚至很多店铺还邀请了专业的视觉形象设计师对店铺视觉的各个方面进行设计。

　　在电商平台购买商品时，消费者无法像在线下实体店铺购买商品一样去亲身触摸和感受商品，只能通过眼睛去查看商品的文字描述、图片或图像等信息，从而获得对商品的基本认识。

　　消费者在线上购物主要依靠视觉挑选商品，商家相应也要考虑用视觉推销商品。

　　在电子商务刚刚开始的阶段，电商视觉主要起到传播信息的作用，但随着人们消费观念的不断变化，电商视觉已经成为提高商品附加价值、促进商品销售的重要手段之一。在"眼球经济"时代，视觉营销已是大势所趋，视觉营销的概念及其营销方法，是电商运营人员应该重点掌握的知识。

■ 学习目标

- 电子商务时代的视觉营销
- 电商视觉营销的内容构成
- 电商视觉营销的流程体系
- 电商视觉营销思维

■ 案例展示

广告中的视觉应用

1.1 电商时代的视觉营销

在以淘宝网为代表的电子商务平台中，视觉营销的应用十分广泛。现在的电子商务营销都以视觉营销为主，视觉营销通过视觉达到营销目的，消费者在电商平台中看到的所有信息，几乎都可以算作视觉营销的范畴。

微课视频

电商时代的
视觉营销

1.1.1 了解电商视觉营销

了解电商视觉营销，应先分别了解视觉和营销这两个概念。

有研究表明，大部分人都是视觉型学习者。视觉是人的第一感觉，是人们获取外界信息的主要途径，人们对物体的大小、颜色等的感知都可以依靠视觉来获取。从电商心理学的角度来看，有效的视觉刺激可以引起消费者对商品和品牌的高度关注，加深他们对商品和品牌的印象，进而潜移默化地使其对商品和品牌形成特殊的印象和联想。

简单来说，营销就是创造价值、获取利润。

电商视觉营销主要通过影响人们的视觉感受来达到营销的目的，其中视觉只是营销的手段，要令其真正创造利润，还必须满足消费者的实际需求。图1-1所示的车载香水广告图，首先营造了一个有格调、有品质的视觉空间，对商品进行了视觉表现和传达，同时还通过"法式车载座式香水""清新空气留香长久"等文案对商品卖点进行展示，这不仅体现了商品的特点和优势，还可以将消费者带入商品使用氛围的联想中，有利于刺激消费者的购买欲望，最终达成销售商品的目的。

在电子商务环境中，要想最终获得利润，视觉营销是必不可少的手段。对于商家而言，文字、图片、色彩、版式等都是视觉传达的有效手段，也是体现营销的重要元素。商家通过文字、图片、色彩等可视化信息增加商品和店铺的吸引力，提高消费者的消费兴趣，刺激消费者的购买欲望，从而达到推广商品或服务的目的。

图1-1　车载香水广告图

电商视觉营销既是一种营销方式，也是一个营销过程。商品卖点、商品信息、品牌信息、服务信息等都是可以影响消费者决策的因素，都可以通过视觉系统传达给消费者，以提高商品点击率、转化率，最终获得利润，甚至提升品牌形象。

1.1.2 电商视觉营销的价值

电商视觉营销的价值主要体现在直接价值和间接价值两个方面，其中直接价值如提高店铺流量、商品转化率、商品客单价等，间接价值如强化品牌识别度、扩大品牌传播度等。

1. 直接价值

电商视觉营销的直接价值主要体现在商品销售上，即对店铺流量、商品转化率、商品客单价等数据都有非常直接的影响，并且在短期内就可以看到营销成效。

- **影响店铺流量**：好的视觉设计可以有效引起消费者的关注，使消费者对商品和品牌产生兴趣，从而提高店铺的流量。淘宝首页的钻石展位广告图、搜索页的商品主图等都有着类似的作用。当消费者被图片吸引后，可能点击图片、查看商品或进入店铺，这时即可为店铺带来流量，图1-2所示为天猫首页的广告图视觉设计，消费者通过点击图片即可进入店铺首页。

图1-2 影响店铺流量

- **影响商品转化率**：商品和品牌如果在视觉表现上既呈现得当，又能很好地体现营销价值，就可以提高消费者的消费兴趣，从而促使其产生购买行为。如图1-3所示，店铺首页通过紧凑式构图和黑、白、棕三色有层次的搭配，再辅以醒目的营销文案，可以使页面具有视觉冲击力，既为商品营造了良好的视觉氛围，给消费者留下了深刻的第一印象，又通过优惠信息留住了有类似购物需求的消费者，引导他们购买，从而有效提高商品转化率。

- **影响商品客单价**：商家合理利用各种营销方式，通过视觉对消费者进行引导，促使其加购商品，或者直接通过商品和品牌良好的视觉表现培养消费者对品牌的认同度和好感度，增加其对品牌的信任，都可以有效提高商品客单价。如图1-4所示，其美妆品牌在店铺中传达了护肤步骤的相关信息，该信息可以有效引导消费者对其他相关商品产生购买行为。其他的搭配推荐、套餐推荐、关联推荐等也有相同效果。

图1-3　影响商品转化率

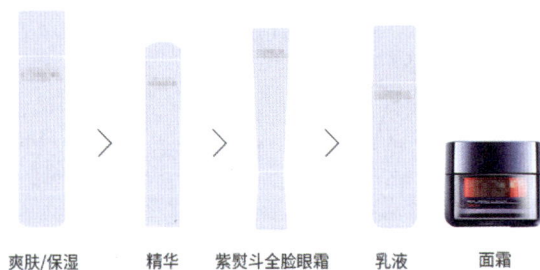

图1-4　影响商品客单价

2. 间接价值

电商视觉营销的间接价值主要表现为通过有效提高消费者对品牌的识别度和传播度，从而为品牌带来更多潜在消费者和价值。

- **强化品牌识别度**。在视觉营销中加入品牌元素，可以加深品牌在消费者脑海中的印象，特别是对于建立了相对独特的视觉识别系统的品牌，当消费者看到与品牌相关的视觉元素时，就可以很容易联想到该品牌。图1-5所示为"花西子"的品牌视觉设计。"花西子"是以"东方彩妆，以花养妆"为品牌理念的美妆品牌，其品牌视觉设计极富雍容古典之感，不管是店铺首页的设计还是商品详情页的设计，都带有十分鲜明的品牌印记，容易给消费者留下深刻的印象。

图1-5 "花西子"具有品牌识别度的品牌视觉设计

- **扩大品牌传播度**。品牌的视觉营销如果足够出彩，则可以迅速扩大其传播度和在消费者心中的好感度，让消费者自发地传播品牌信息，甚至能够增加品牌在行业与消费者心目中的影响力。例如，卫龙"双11"的视觉营销。卫龙的视觉营销一直颇具创意，它们善于把握目标消费人群的心理，准确抓住目标消费人群喜欢讨论的话题，并将"话题点"在品牌视觉营销中进行体现，引起消费者的共鸣和好感。图1-6所示为卫龙"双11"的视觉营销海报，该海报以"又土又酷"为卖点，推出"土酷零食包"，给消费者留下了十分深刻的印象，并引起了目标消费人群热烈的讨论和传播。

图1-6　卫龙"双11"的视觉营销海报

1.1.3　电商视觉营销的基本要求

电商视觉营销主要以文字、图片和色彩等形式对品牌和商品进行多渠道、多场合的展示和体现，为企业带来直接或间接的价值。随着越来越多的线下传统行业参与电商市场的竞争，消费者对视觉营销有了更高的要求，只有具备一定质量的视觉营销才能够赢得消费者的青睐。一般来说，电商视觉营销需遵循以下几个基本要求。

- **内容**。在这个"内容为王"的营销时代，视觉营销离不开优秀内容的支撑，很多优秀的视觉营销内容不仅传播了品牌和商品，还照顾了消费者的情感，使营销价值最大化。优秀的视觉内容通常包含多个方面，如能够让消费者快速搜索到商品，能够引导消费者快速、准确地了解商品，能够让消费者对商品和品牌产生认同，能够给消费者带来愉快的视觉享受，能够使消费者主动分享商品和品牌等。

- **价值**。电商视觉营销要能够直接体现商品的价值，以赢得消费者的信任。比如，销售实体商品，要让消费者能够通过视觉直接感受到商品的卖点和优势；销售服务类商品，要让消费者能够通过视觉对服务质量进行简单评判。

- **简洁**。电商视觉营销本质上仍是营销信息的传达，不管是商品卖点展示、商品参数展示、活动推广，还是品牌推广，都应该遵循简洁明了的原则，方便消费者理解和记忆。对于部分数据类的信息，商家可以通过图形直观展示。

- **时效**。信息时代，信息数量庞大、类型繁杂，如果想让消费者在第一时间关注到商品和品牌，甚至长久地关注商品和品牌，就必须抢占最佳时间，提高信息发布、传播的速度和频率。简单来说，从商品设计到最终售出的整个过程，涉及视觉营销的部分都必须保证其时效性，不断更新，才能让消费者的注意力可以长时间停留在商品和品牌上。

- **传达**。视觉营销信息的传达是电商视觉营销中的重要环节，只有将信息快速、准确地传达到消费者眼前，视觉营销才能发挥出自身的作用，因此，运营人员和视觉设计人员必须保证视觉营销信息的精要和简练，找准目标消费者的根本需求，从目标消费者的角度出发进行视觉营销，成功引导消费者关注品牌和商品。

- **细节**。在电商视觉营销中，恰到好处的细节设计可以为消费者带来十分良好的消费体验，如提醒消费者商品的规格尺码、说明商品使用技巧等。

- **重点**。重点即视觉营销表现的重点。电商视觉营销必须有一个明确的重点，让消费者可以通过这个重点对商品和品牌形成独特的印象，如商品卖点、品牌风格等都可以作为视觉营销的重点。

1.2 电商视觉营销的内容构成

电商视觉营销主要通过色彩、图像和文字等对品牌和商品进行多渠道、多场合的展示和体现，贯穿着从商品企划到商品售后的整个过程。在这个过程中，Logo、Slogan、色彩、字体、商品、包装、摄影等是构成电商视觉营销的主要内容，也是电商视觉营销的直接体现。

1.2.1 Logo

Logo是品牌的标识，是传递品牌信息的重要媒介，它可以让消费者快速记住品牌的主题和文化。Logo的应用十分广泛，出现频率较高，商品、包装、店铺装修、视觉推广等各个场合都可以看到Logo的踪影，在图1-7所示的"汤臣倍健"PC端店铺首页的装修中，店招和全屏海报中都使用了Logo，目的在于对品牌进行强调，强化消费者对该品牌的记忆。

图1-7 Logo的应用

1.2.2　Slogan

　　Slogan即口号、广告语，通常用于形容品牌和商品最为突出的特点。Slogan也是品牌非常具有特色的标志之一，简单易记、具有特色的Slogan可以给消费者留下非常深刻的印象，同时十分有利于品牌的宣传和传播。Slogan的应用也十分广泛，图1-8所示的"有百事聚爽"为活动页中的品牌Slogan，图1-9所示的"有颜有味自恋无醉"为活动页中的商品Slogan。

图1-8　品牌Slogan

图1-9　商品Slogan

1.2.3　色彩

　　色彩是品牌视觉的重要标志，也是视觉设计中的重要一环。消费者在电商平台中选购商品时，第一时间很可能会被其色彩所吸引。在一个商品或品牌的视觉设计中，如果色彩运用得好，很容易吸引到新的消费者，而具有特色的色彩运用方式也会增强老消费者对品牌或商品的识别度和记忆度，继而增加对品牌的认知度。图1-10所示为"简爱"酸奶的色彩设计，其商品包装设计和店铺设计都以天蓝色为主色调，具有明显的品牌特色，很容易给消费者留下印象。

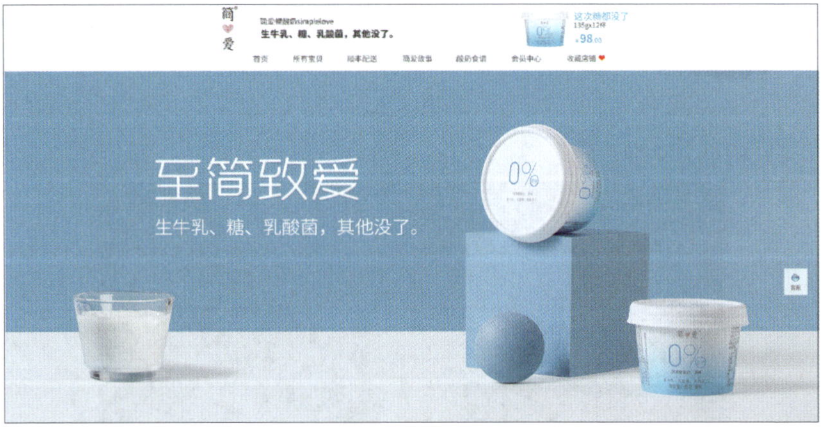

图1-10　色彩应用

1.2.4 字体

　　文字是传达信息的主要媒介之一，电商视觉营销中的很多信息都需要依靠文字进行传达。商家为文字选用合适的字体，并进行恰当的设计和搭配，可以提高文字的表现力，快速引起消费者的注意力，引导其购买商品；还可以提高图片、视频或页面的整体美观性，帮助视觉营销发挥更大的作用。字体设计在电商视觉营销中必不可少，在图1-11所示的旺旺商品海报中，即通过对文字的字体、颜色、位置、大小等进行设计和搭配，提高了海报的整体表现力，同时传达了重要的商品信息，让消费者可以快速了解商品的卖点。

图1-11　字体应用

1.2.5 商品

　　商品是营销的主体，对商品进行设计美化是电商视觉营销的重要内容，商品视觉效果呈现的质量直接影响着消费者最终的购买决策，因此需对商品的视觉效果进行控制。此外，商家还可以在商品展示上统一进行规范，增强消费者对商品的记忆度和识别度。图1-12所示为阿芙精油的商品展示，都使用了与商品相对应的植物作为背景对商品进行装饰，既说明了商品特性，又统一了展示风格。

图1-12　商品展示

1.2.6　包装

包装是商品的一部分，具有特色的包装设计可以增强消费者对商品的记忆，甚至会使消费者产生对商品的好感度和信任度。很多品牌在更换包装时都会特别做出说明，提醒消费者注意。同时，包装设计也是电商视觉营销中的重要内容，图1-13所示的三只松鼠在商品包装上就十分具有品牌特色。

图1-13　三只松鼠的包装设计

1.2.7　摄影

商品的摄影可以突出表现品牌特性，强化消费者对品牌的理解和认知，摄影风格明显的商品和品牌，在视觉设计中，即使不添加任何与品牌相关的元素，也可以被消费者所识别。图1-14所示为内衣品牌焦内的摄影风格，商品的摆放、颜色的搭配、模特的姿势，甚至模特的风格都十分统一，具有非常鲜明的品牌视觉特征。

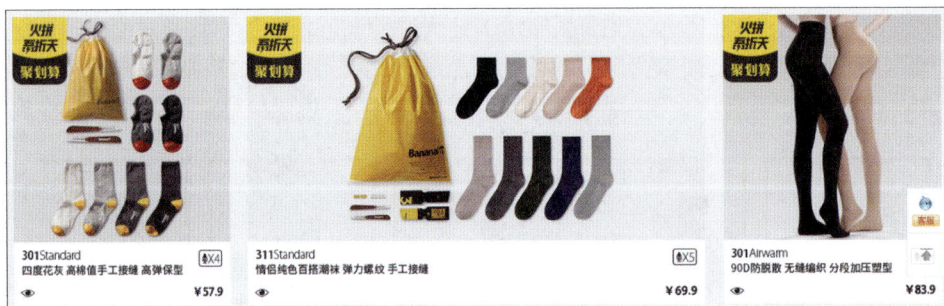

图1-14　摄影风格

1.3 电商视觉营销的主要应用

电商视觉营销贯穿于商品营销的整个流程，店铺中的任何一个组成板块都是视觉营销的直接区域。但如果从直接影响店铺流量和商品转化率的角度来看，电商视觉营销的主要应用体现在店铺、商品主图、商品详情页、商品活动页和广告中。

1.3.1 店铺中的视觉营销应用

店铺是电商视觉营销最直观的展示场所，首页、店铺Logo等各个部分都展现了店铺的视觉营销信息。对于商家而言，充分利用店铺装修功能对店铺整体的视觉进行设计，是电商视觉营销的重要一步。

1. 店铺首页的视觉营销应用

店铺首页是店铺非常重要的流量页面，是消费者查找商品分类、浏览全店商品时会经常跳转到的页面。店铺首页的视觉效果直接代表着店铺的风格和调性，店铺首页的视觉营销信息是消费者了解店铺活动的重要途径。图1-15所示为店铺首页的视觉营销效果，既展示了店铺的主要商品，又对店铺的营销活动进行了推广。

图1-15 店铺首页的视觉营销效果

2. 店铺Logo的视觉营销应用

店铺Logo是塑造品牌记忆点的重要道具，虽不能为店铺引入直接流量，但对传播品牌、提高商品知名度都起着很大作用；优秀的店铺Logo设计甚至可以提高店铺的知名度，培养消费者的忠诚度，进而提高店铺的销量。店铺Logo的设计一般遵循简洁、便于记忆等原则。很多网上店铺的Logo都选择直接使用品牌名称进行设计，而很多著名品牌则有专门的店铺Logo，这些品牌通常拥有比较广泛的传播度，在消费者心中已经建立起比较明确的品牌形象。图1-16所示的茵曼服装品牌直接使用品牌名称作为店铺Logo。

图1-16　店铺Logo的视觉营销应用

1.3.2　商品主图中的视觉营销应用

商品主图视觉效果的好坏直接与流量的多少相关，一张视觉效果优秀的商品主图不仅可以为店铺带来大量流量，还可以提高商品在同类竞争商品中的整体排名，更容易被消费者点击，进而提高成交量。

消费者在电商平台的搜索系统中搜索商品时，首先看到的就是商品主图。商品主图是引导消费者进入店铺的图片，主要起引流的作用。在进行商品主图的视觉设计时，视觉效果、营销效果均应得到体现。因此，作为营销主体的商品主图，在拍摄、剪裁、设计等方面都要进行仔细挑选和甄别，以便更好地展现商品。此外，为了打动消费者，在营销方面也要注意精炼地展示商品的价值，列出可以让消费者动心的元素，勾起消费者的好奇心，引导其对图片进行点击，进一步了解商品。图1-17所示的服装主图，主要依靠颜色、样式、价格等吸引消费者，因此其视觉营销的重点为商品外观和商品价格。

图1-17　视觉型商品主图展示

图1-18所示的营销型商品主图，是以商品的功能吸引消费者的。其除了展示商品的外观、价格外，还对商品功能的相关卖点进行了描述。

图1-18 营销型商品主图展示

1.3.3 商品详情页中的视觉营销应用

商品详情页的视觉效果与商品转化率直接相关，当消费者进入商品详情页后，能够引人注意的商品详情页视觉设计可以在第一时间留住消费者。商品详情页视觉设计的主要任务是向消费者传达更多的商品信息，因此，在商品详情页视觉设计中通常会介绍商品的基本信息、卖点、性能、品质、服务等。为了引导消费者购买商品，商家在进行商品详情页的视觉设计时，还要懂得挖掘消费者对商品的真实需求，给消费者构建一个清晰的商品印象，使其对商品产生信任，最终促成其购买。商品详情页设计的颜色搭配、排版、文案、逻辑结构等均会对商品详情页的整体视觉效果产生影响，图1-19所示的商品详情页视觉设计，围绕消费者的需求依次展示了商品的外观、卖点、技术、参数、服务等，营造了充满吸引力的商品营销氛围。

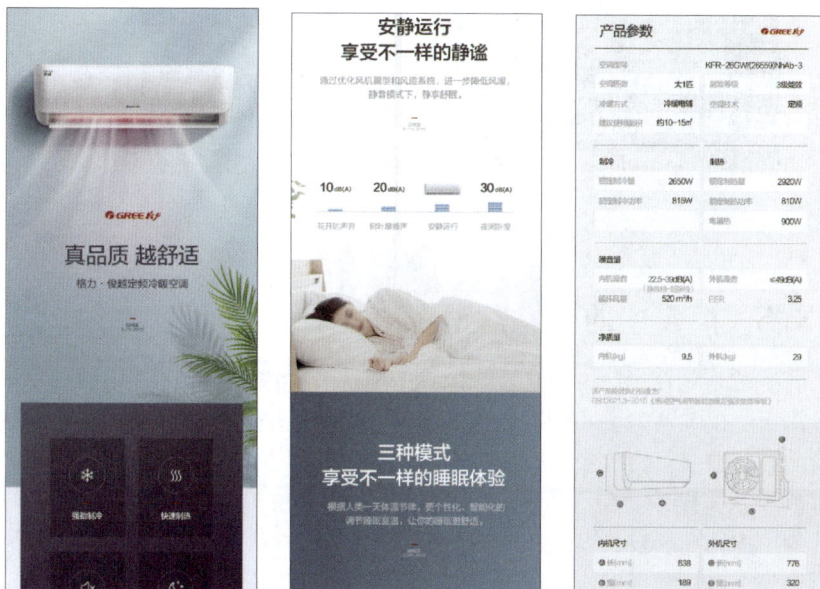

图1-19 商品详情页中的视觉营销应用

1.3.4　商品活动页中的视觉营销应用

商品活动页是店铺活动期间的重要流量落地页面，其主要目的是介绍和展示活动，营造热烈的活动氛围，并激发消费者参与活动的积极性，吸引其点击、浏览和购买。在店铺活动期间，商家可将店铺首页设计成商品活动页，也可在平台专门设立的活动板块中单独设计活动页。活动页是体现视觉营销的重要页面，不仅要从视觉上吸引消费者关注，还要展示活动内容、活动规则、活动优惠、活动时间、活动商品等营销信息。图1-20所示为将店铺首页设计成商品活动页。

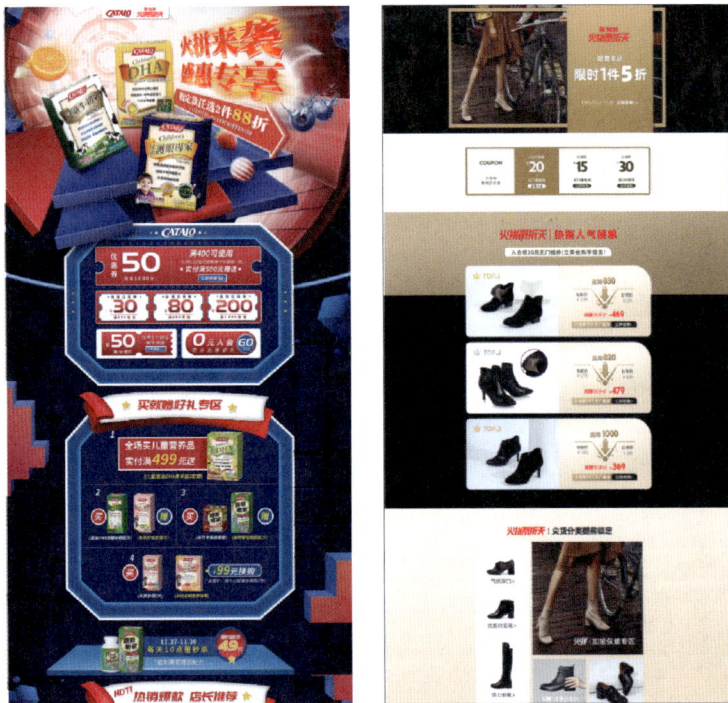

图1-20　商品活动页中的视觉营销应用

1.3.5　广告中的视觉营销应用

广告中的视觉营销应用即在广告图片中体现的视觉营销，比如电商平台广告位中促销海报的视觉营销、店铺首页轮播图的视觉营销等。广告视觉营销的重点是将消费者的注意力吸引到广告海报的主题上，吸引其点击和浏览。现在的电商平台几乎都提供了众多的广告位，商家在广告位中进行视觉推广，可以有效提升店铺流量，如淘宝的钻石展位、直通车展位等。除此之外，在店铺的首页、商品详情页、活动页等处，也可通过广告海报对店内活动进行视觉推广，吸引消费者点击。广告海报的视觉设计一般比较醒目，版式、颜色、文案等与其他页面的视觉设计类似，但营销信息更加简洁鲜明。同样，广告海报也应该有明确的主题，如推广活动、推广商品或推广品牌等。图1-21所示为以推广商品为目的的视觉营销，图1-22所示为以推广品牌为目的的视觉营销。

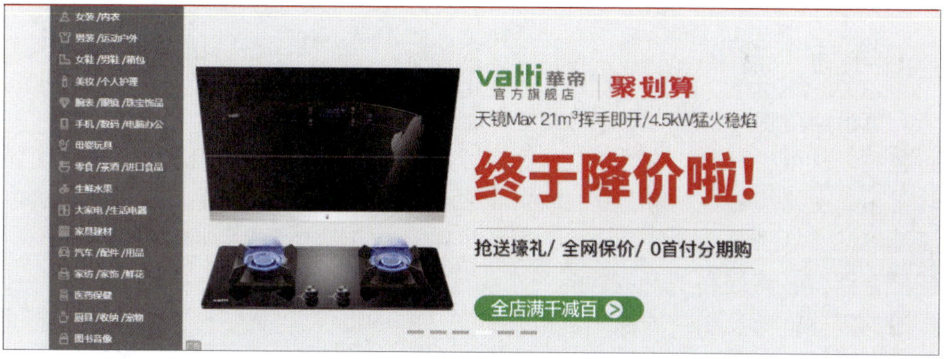

图1-21　商品推广型海报

图1-22　品牌推广型海报

知识补充

电商视觉营销的其他应用

除了店铺、商品和广告外，电商视觉营销还常见于商品和品牌营销的其他方面，如包装视觉设计、商品标签设计等也属于电商视觉营销的范畴；甚至售后服务、消费者关系维护等环节的视觉应用规范，也可以划分到视觉营销的范畴。

1.4　与视觉营销效果相关的基础数据

电商市场是数据化运营的市场，电商视觉营销的效果主要通过店铺经营数据来体现，也就是通过流量、转化率、客单价等店铺经营基础数据，可以分析反映店铺视觉营销的基本情况。若店铺营销效果不佳，也需结合这些基础数据对各个功能页面进行优化。

1.4.1 流量

流量是指店铺的访问量，主要用来描述访问一个网站的访客数以及用户所浏览的页面数量等指标。流量是店铺的立身之本，是后续商品转化和成交的基础。影响流量的因素非常多，如商品图片、商品标题关键词、商品价格、商品的综合排名等。其中商品图片作为店铺流量的主要影响因素之一，越符合消费者喜好和平台运营规则，就越能起到好的引流作用。因此，商品图片的视觉营销效果与店铺的最终营销效果直接相关。

对于不同的流量来源，商品图片视觉营销发挥的作用也不同。淘宝、京东等电商平台上的店铺流量主要分为自然流量和活动流量两种类型。自然流量指消费者在电商平台中主动浏览、搜索、点击商品时产生的流量。

1. 自然流量

自然流量主要包括类目流量和自然搜索流量。类目流量是指消费者通过平台的类目寻找商品时产生的流量。以母婴玩具类目为例，当消费者想购买"婴儿玩具"时，通过在天猫首页的母婴玩具类目下单击"婴儿玩具"超链接，进入婴儿玩具商品页面并选择商品所产生的流量就是类目流量。如图1-23所示，单击类目中的"婴儿玩具"后，即进入相应的婴儿玩具搜索结果页面。

图1-23 婴儿玩具类目搜索

自然搜索流量是指消费者通过电商平台的搜索引擎搜索商品时产生的流量。例如消费者想购买婴儿玩具，在天猫首页的搜索框中输入"婴儿玩具"，并在打开的搜索页面中选择商品所产生的流量就是自然搜索流量。图1-24所示即为搜索"婴儿

玩具"后进入的婴儿玩具搜索结果页面。

类目搜索和自然搜索的结果页面显示的主要信息包括商品主图、商品标题和商品价格等，其中商品主图是影响消费者点击的主要因素，大部分消费者几乎都通过浏览商品主图获取商品的基本信息，并依据商品主图的视觉效果决定是否继续访问商品页面。除了类目流量和自然搜索流量之外，消费者从店铺收藏、商品收藏、购物车、物流信息等页面进入店铺和商品页面的流量也属于自然流量，这些流量渠道展示的商品信息也是以商品主图、商品标题、商品价格为主。

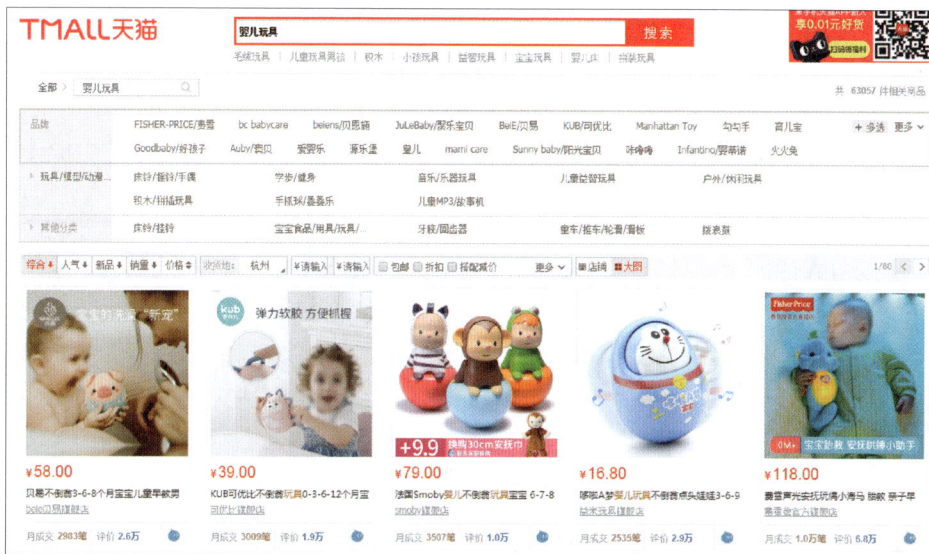

图1-24 婴儿玩具自然搜索

知识补充

商品综合排名

类目流量和自然搜索流量的获取都与商品的排名相关，排名越靠前的商品，展示位置就越靠前，展现量也越高。因此，虽然商品主图优化可以为商品带来流量，但还应做好商品的综合排名优化。

2. 活动流量

活动流量是指商家参与电商平台活动时获得的流量，以及通过平台引流工具获得的流量。以淘宝网为例，聚划算、直通车、智钻、天天特价、淘宝客等产生的流量都属于活动流量。活动流量可分为免费流量和付费流量两种类型。免费流量通常对店铺资质有一定要求，只有店铺达到活动要求时才可以申请。付费流量需要商家支付一定的活动推广费用，活动不同，收费形式也不同，如有按点击或展示收费的活动，也有付费竞拍"坑位"的活动。商家要想通过平台引流工具获得流量，主要还是以竞价的形式竞争广告位。

活动的类型不同，其信息的展示方式就存在一定的差异。例如聚划算活动，其品牌活动多以海报的形式进行展示，如图1-25所示，"品牌团"以海报展示品牌和店内促销信息；其单品活动则主要以商品图片、商品标题的形式展示，如图1-26所示，"聚名品"以商品图片和商品标题展示商品及促销信息。

图1-25　海报展示

图1-26　主图展示

智钻是淘宝的引流工具之一，其展示方式以海报式图片为主。消费者进入电商平台首页或进入类目的分类页面时，都可以看到智钻的推广图片，点击图片即可进入店铺或查看商品。图1-27所示是天猫首页智钻展位的广告图片。

天天特价活动的展示方式与聚划算类似，直通车的展示以商品主图为主。总而言之，不论是自然流量还是活动流量，不论是哪一种活动形式，商家几乎都要依靠图片来吸引消费者，消费者也依靠图片来选择商品。可以说，流量与视觉营销息息相关，是检验视觉营销效果的重要指标之一。

图1-27　智钻图片推广

1.4.2　转化率

转化率指进入店铺并产生购买行为的人数与进入店铺的人数的比率。转化的产生建立在流量的基础上，当消费者被各个引流渠道的商品图片吸引，点击查看商品详情并产生购买行为时，就会形成转化。

转化率是店铺销售数据中非常重要的一个指标，是店铺产生销售额的重要依据。店铺的转化率与商品详情、商品价格、客服、店铺装修、商品评价等都有密切关系，其中，店铺首页装修和商品详情页的装修对店铺的转化率起着至关重要的作用。

图1-28所示的商品详情页，图片清晰美观，结构清晰简洁，搭配文案从多个角度对商品信息进行了展示和说明，既可以在整体视觉设计上吸引消费者，又能满足消费者全面了解商品的需求，对提高商品转化率可以起到十分积极的作用。

图1-29所示的店铺首页，其装修效果兼顾了美观和实用两个方面，清晰、有效的分类可以将消费者引导到相应的商品分类页面，店内热销单品的展示还可以直接引导消费者进入相关商品的详情页，促成最终的转化。

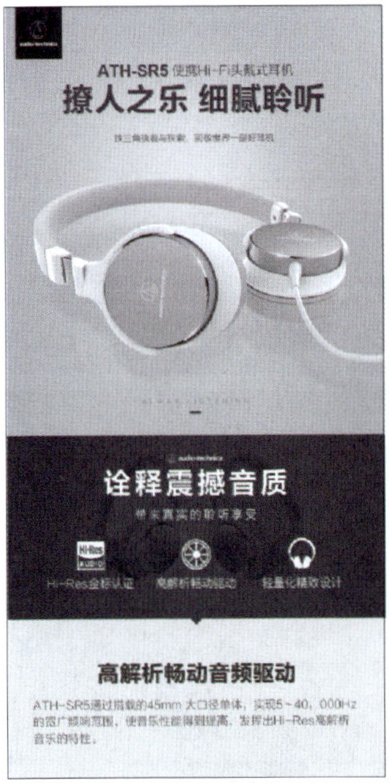

图1-28 商品详情页视觉

图1-29 店铺首页视觉

1.4.3 客单价

客单价是指消费者平均购买商品的金额，是与店铺销售业绩息息相关的重要数据。在同等成交人数的基础上，客单价越高，店铺的销售额就越高。因此对于商家而言，在成交人数一定时，要想提高客单价，就要尽可能提高每一位消费者的单笔购买金额。

从运营的角度看，要想提高客单价，可以通过品牌联名等方式对消费者进行一定的引导，以提高消费者的单笔购买金额。由于提高商品单价往往不能直接实现，商品定价依据商品定价策略和商品价值而定，无法随意调整，所以对于大部分商家而言，主要通过提高消费者单笔购买金额的方式来提高客单价。提高消费者单笔购买金额的方式主要包括关联销售、营销活动、老客户维护和客服推荐等，其中关联销售、营销活动与视觉营销的联系比较大。

1. 关联销售

关联销售是指针对强关联性的商品，商家可以采用互补推荐、搭配优惠等策略来提高客单价和转化率，图1-30所示的强关联性搭配套餐，选择了毛衣、裙子、鞋子与羽绒服进行搭配，该搭配效果通过模特展示在商品详情页中，可以让消费者直接看到商品的搭配效果，在视觉上可以有效引导消费者主动去了解和购买所搭配的其他商品，从而提高客单价。

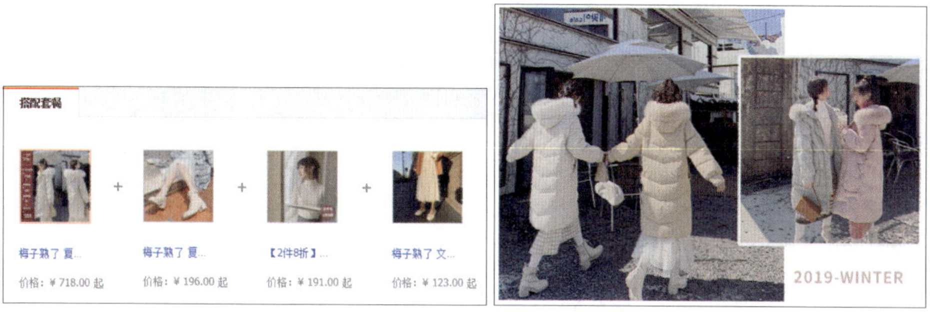

图1-30　强关联性搭配

针对弱关联性的商品，可以做同价推荐，让消费者进行横向对比，增加消费者在店铺内的浏览时长，降低店铺的跳失率，或者通过热卖推荐、新品推荐等方式，吸引消费者的注意，进而提高点击率。如图1-31所示，（b）商品为（a）商品的弱关联推荐，可以引导消费者在店铺内多次点击和浏览，提高消费者加购的概率。

（a）　　　　　　　　　　　　　（b）

图1-31　弱关联性搭配

关联销售在店铺视觉营销中发挥的作用非常大，通过在合适的地方放置合适的关联板块，优化店铺和商品页面的整体布局，在视觉上对消费者进行引导和影响，就可以让关联销售的效果更加显著。

2. 营销活动

以营销活动的方式提高客单价是指通过搭配销售、满减、满送、换购等营销方式引导消费者购买多个商品，从而提高客单价。如图1-32所示，"收藏店铺+加购3款商品"参与抽奖、"订单实付满159元"送镭射包就是提高客单价的营销形式。此外，为了促进消费者加购，还设置了"凑单专区"，对消费者进行清晰、直接的视觉引导，消费者点击"凑单专区"即可进入相应的活动页面挑选商品。

要想有效提高客单价，在策划相应的营销活动时，商家就必须结合视觉营销的相应知识，对营销信息的位置、内容等进行合理的安排，站在消费者的角度对其进行视觉引导，简化消费者的购物流程，让营销活动发挥更大的作用。

图1-32　营销活动视觉

1.5　电商视觉营销思维

电商视觉营销的根本目的是营销，视觉设计应为营销服务。运营人员要想得到良好的营销效果，离不开优秀营销思维的支撑。只有将符合自身定位和消费者需求的视觉设计与营销思维结合起来，才能实现有效的视觉营销。

1.5.1　运营思维

电商视觉营销主要包括设计和运营两个方面的营销任务，设计主要体现在商品和品牌视觉信息的传达上，运营则需要对视觉营销的整个过程进行计划、组织、实施和控制，是达成营销效果的基本前提。

运营是为了一个营销目标而进行的一系列工作，具有明显的目的性。一般来说，电商运营的主要目的有3个：拉新、促活、留存。拉新是指吸引新客户，为店铺引入更多流量；促活是指提高消费者的活跃度，进而提高转化率；留存即对已有的消费者进行营销，提高消费者对商品和品牌的黏性，促使其持续消费。这3个目的带来的最终效果是商品的营收变现。

运营工作需要为视觉设计提供基础支持，因此在前期准备中，运营人员就必须以传达信息并促成销售为目的，对整个营销过程进行规划。首先，运营人员需要对视觉设计的背景需求进行分析，调查和了解商品市场，挖掘消费者的需求和痛点，提炼商品的卖点等，然后将分析结果提交给设计人员，以便设计人员找到视觉设计中信息表达的重点和方向。同时，运营人员还要明确营销的目的（是拉新、促活还是留存，是推广品牌还是推广商品），从而帮助设计人员在视觉设计中将商品信息尽可能传递给消费者，以迎合大多数消费者的审美和需求，保证视觉呈现的营销效果。

为了减少运营过程中出现的偏差，运营工作可遵循以下几个基本步骤。

1. 活动背景分析

开展任何视觉营销活动，都会有一个比较明确的背景，比如"双11"的视觉营销活动，其背景就是"双11"的全网大促。从营销活动背景中，运营人员可以提取运营的关键词，为视觉设计提供方向。"双11"的大促活动可以提取的关键词很多，如"促销""购物狂欢""折扣""满减"等，通过关键词的提炼，配合运营需求，可以对视觉设计做出初步定位。当然，运营人员还可以根据营销要求对设计内容进行进一步的控制，如营销要求是拉新，视觉设计则以拉新为主题；如营销要求是满减、优惠，视觉设计则以满减、优惠为主题。图1-33所示为某品牌"双12"的视觉设计，以"满减促销""预约优惠"为关键词，结合营销活动背景，选择了高饱和度的红、黑二色作为视觉设计的主色调，烘托出"热闹""狂欢"的营销氛围；对"预约开启"的标题文案进行突出展示，搭配"每满300元减30元"的促销形式，简单、直接地展示出营销重点，十分符合消费者对于促销活动的视觉印象。

2. 消费者分析

在了解活动背景后，运营人员还需对营销活动主要面向的消费者群体有一个清晰的认识，如目标消费者对于视觉风格和视觉表现形式的偏好、目标消费者的消费痛点、目标消费者的需求等，通过对目标消费者的分析，确定目标消费者更易于接受的设计风格，挖掘更容易吸引目标消费者的卖点。例如，一款美妆品牌，运营人员对目标消费者的数据进行分析后，发现商品主要面向18~35岁的女性群体，那么在视觉设计的颜色、形式等方面可以针对分析结果有所侧重，同时，紧紧围绕消费者的需求、痛点等对商品的视觉信息进行展现。图1-34所示的视觉设计效果，品牌主营类目为婴幼儿用品，因此以白色为主色调，搭配少量糖果色，使页面显得既洁净健康，又充满了缤纷童趣；在页面设计上采用了扁平化的风格，比较符合行业趋势和消费者的审美；在字体设计上添加了卡通元素，与商品的特性十分契合，清新可爱，同时便于阅读；文案内容直接点出了商品卖点，优惠信息的展示有利于引导目标消费者购买商品。

3. 视觉呈现

在选择设计风格时，设计人员既可以参考行业内品牌设计的趋势确定设计形式和风格，也可以根据营销要求设计符合自身特点、目标消费者喜好的视觉形式和风格。如果有Logo、标签等相关设计要求，运营人员应该及时与设计人员沟通。

图1-33　根据活动背景提炼视觉重点　　图1-34　根据目标消费者设计店铺首页

1.5.2　设计思维

电商视觉营销的设计思维并不是独立的，它应该与运营思维结合起来，对视觉营销进行最终表达。电商设计就是运营的一种视觉呈现，设计人员需根据运营要求，结合自身的设计品位，设计出既符合运营要求又具有良好视觉效果的作品。一般来说，电商视觉营销的设计主要包括以下几个流程。

首先，对设计工作进行完整规划。设计人员需要整理运营人员的要求，结合该要求拟定设计思路，并预计设计时间，如海报的设计思路和设计时长、主图的设计思路和设计时长等。对设计工作进行规划，有助于运营人员与设计人员的合作协调，更好地把握每一个阶段的任务。

其次，理清设计重点。为了更好地与运营人员配合，设计人员也必须了解项目策划、商品分析、行业定位、商品卖点、消费者痛点等内容，或与运营人员共同讨论，确保充分理解商品、品牌和营销重点，避免设计效果出现偏差。

最后，设计人员要与运营人员保持沟通，特别是关于作品设计的方向、关键要求和基本原则等对视觉设计影响较大的问题，双方要及时交流。当设计师对商品的卖点、商品的定位、目标消费人群等产生质疑时，也应及时与运营人员沟通，保证在设计中完整体现运营人员要求的营销重点。

课堂实训——分析店铺首页主要的视觉特点

实训目标

本实训要求分析"青蛙王子"首页主要的视觉内容及其特点，主要从电商视觉营销内容构成的方向进行分析，其首页如图1-35所示。

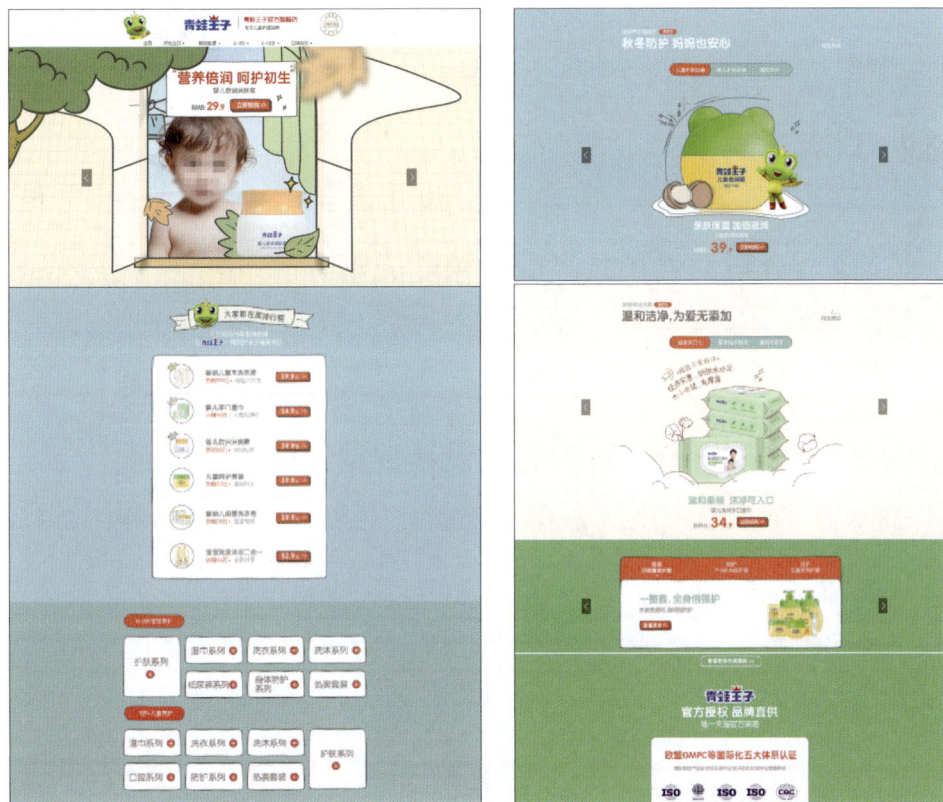

图1-35　"青蛙王子"首页

🍎 实训思路

根据实训目标，分别从品牌Logo、Slogan、色彩、字体、商品形象几个方面分析视觉设计的特点。

- **品牌Logo**。"青蛙王子"店铺首页对品牌Logo进行了恰当的展示。同时，视觉设计中多次出现"青蛙"的形象，对品牌进行了很好的强调和传播。
- **Slogan特点**。"青蛙王子"店铺首页中的Slogan多为商品宣传，展示了商品的卖点，清晰简洁地传达了商品信息。
- **色彩特点**。"青蛙王子"店铺首页的用色主要为绿色及其邻近色、低饱和度的黄色等，色彩搭配丰富而和谐，比较符合品牌特点。
- **字体特点**。"青蛙王子"店铺首页的字体主要选择了柔和的圆体字，并将标题文案的字体进行了艺术化处理，可以很好地传播信息，同时比较符合婴幼儿商品的定位和消费者的审美需求。
- **商品形象特点**。"青蛙王子"店铺首页的商品展示风格和摄影风格都比较统一，加入了手绘风格的卡通元素，视觉上十分协调，且充满童趣。

📈 课后练习

练习1　分析女性护肤品牌的视觉元素

以"御泥坊"的店铺首页视觉设计为例，分析其设计中体现了哪些品牌特点，分别具有哪些效果。

练习2　以"母亲节"为主题设计视觉营销活动页面

假设要以"母亲节"为活动背景，为一个护肤品品牌设计活动期间的店铺首页。请你结合运营思维和设计思维，简单分析需要进行哪些准备工作，并依次对设计主题、风格选择、配色设计、字体设计等进行简单阐述。

第 2 章

视觉营销信息的传达

成功的电商视觉营销，离不开视觉信息的准确传达。

有一款无糖棒棒糖商品，为了展现商品无糖的特性和卖点，商家设计了一张极具创意的海报。在海报中，一群蚂蚁看到了这款商品，却不能嗅探到糖分的存在，于是选择了绕行。

这个创意广告在视觉营销信息的传达上，可以说非常典型。消费者看到这则广告后，几乎不用任何提示，就能立刻明白广告中的重点信息和商品的卖点，并对商品和品牌留下深刻的印象。

让消费者明白视觉营销的主要信息，这是对电商视觉营销最基本的要求，商家进一步应该思考如何简单、直接、快速、有效地传达营销信息，这就离不开对目标消费者的分析。只有了解了目标消费者的真实诉求，才能从打动消费者的角度找到视觉的表达方式，才能有主次地呈现信息，有效地影响消费者，从而产生良好的营销效果。

学习目标

- 了解视觉营销信息传达的对象
- 了解视觉营销信息传达的层级
- 掌握视觉营销信息的分析与呈现方式

案例展示

建立视觉信息层级

商品视觉创意设计

2.1 视觉营销信息传达的对象

在视觉营销信息的传达关系中，消费者是视觉营销信息的主要传达对象，只有消费者看到视觉画面并对商品和品牌产生了认同感，视觉营销才能发挥出自身的价值。因此，了解消费者是确定视觉营销信息的传达重点和传达方向的第一步。

微课视频

视觉营销信息
传达的对象

2.1.1 电商消费者

在电商的实际运营中，商家会通过各种视觉手段吸引电商消费者（以下简称"消费者"）的关注，从而引导消费者主动获取图片中的信息，并产生点击的行为，将流量带入店铺中。获得流量后，商家又会采用相应的视觉营销手段刺激消费者的视觉感官，激起消费者对商品的兴趣，影响消费者的购物心理，最终引导消费者产生购买行为，促成最终的转化。可以说，消费者的浏览、点击、转化等行为几乎都受视觉印象的影响，商家的视觉设计必须符合消费者的需求，才能真正吸引到消费者。

那么，商家如何吸引消费者来关注呢？首先需要对电商消费群体进行了解。

1. 消费人群的分类

虽然消费者具有不同的消费习惯，但对其进行画像分析后，部分消费者又会体现出某种共性，按照这种共性，可将整个消费群体大致分为以下4种类型。

（1）按收入分类

电商消费人群的收入直接体现为该群体的消费能力和消费需求，不同收入的人群，其消费需求不同。高收入消费者可能更关注商品的附加价值，倾向于关注品质较高的、定制类商品，而低收入消费者可能更关注商品的功能和商品的性价比。从商家的角度看，高品质商品面对的消费人群是高收入人群，在做商品和品牌的视觉营销时，应该围绕品质、概念、品位、高端、服务进行；相反，如果商品的目标消费人群是低收入人群，那么商家在做商品和品牌的视觉营销时最需要突出的就是商品的性价比和质量。

（2）按性别分类

性别差异会导致消费者购物诉求和购物习惯的差异，因此商家可以通过分析自己目标消费人群的性别比例，为营销做出准确的定位。根据统计，电商消费人群中女性占比更高，其消费的品类也在不断扩展。与男性相比，女性消费的集中度更低，更加均衡多样，可以说是电商消费多元化的重要推动力量。以进口商品为例，对于电商平台上主流的进口商品，女性消费者明显高于男性消费者，保健、美容、育儿是女性消费者的三大主要诉求品类。同时，随着女性对生活品质要求的不断提高，家纺、厨具、个人护理等日常用品的进口需求也在不断增加。当然，整个行业的消费者性别差异并不能代表所有个体消费者的差异，因此，商家在分析自己店铺的目标消费人群时，要制定相应的视觉营销计划。

（3）按年龄分类

不同年龄阶段的消费者，在消费品类上会呈现比较明显的差异化，因为消费者的购物需求与他们的生活具有极强的关联性。2019年的中国互联网消费者生态大数据报告显示，"80后""90后"消费人群追求精细化、科学化的育儿方式，推动了"婴童专用"新兴品类的快速增长，对潮流的追求也延伸到为孩子购买的消费品类别；"95后"消费人群成为消费市场的新势力，推动了潮玩盲盒等小众文化逐渐走向大众流行，同时还推动了宠物消费市场的多元化发展；50岁以上的消费人群"触网"人数不断提高，喜欢购买传统滋补营养品和保健品，同时对水产生鲜、香水、美妆等商品也有较大的需求。不同年龄层的消费人群体现出的消费喜好不同，对视觉的需求也就不同，商家可以针对自己的主要消费者群体，在商品视觉、商品卖点呈现方面做出一定的偏重，以便更有效地吸引消费者关注其商品和品牌。

（4）按行业分类

相同收入、性别、年龄的消费者，对于商品的需求与爱好也存在一定的差异性，这与消费者的行业差异存在很强的关联性。电商平台上任何一个细小的品类，都有自己准确的消费人群，太极服、瑜伽服、滑雪服等运动类目中的小众商品，在电商平台上依然可以做出千万元/年的业绩，因为即使同属运动品类消费者的目标人群，也存在细分类目的差异，他们对运动类商品有着细分的要求。因此，对于商家而言，准确抓住目标消费人群的行业特性，有利于自己在视觉营销上进行信息和卖点的准确展示，从而精准地吸引目标消费人群的眼球。

知识补充

消费者特征

将消费者分为不同的类型，并不代表他们之间是相对独立的。虽然不同类型的消费人群之间存在差异性，但又有彼此交叉的共性，这就要求商家根据自己店铺的消费者人群画像，归纳出更准确的消费者特征，做出更精准的视觉营销定位，触达更多的目标消费者。

2. 消费者行为

了解消费人群的特点之后，还要继续分析消费人群的消费行为。消费者在电商平台进行购物时，主要有浏览、点击、收藏和下单等主要行为。每一个行为的背后，都必然有一个打动消费者的需求点。商家必须站在消费者的角度，把握和分析消费者的消费心理，才能明确他们的真正需求，最后设计并提供最能打动消费者的内容。

那么消费者的需求点是什么？一般来说，面对不同的商品品类、不同的商品定位，消费者的需求点会呈现出很大的差异，这与消费者特征一样，需要根据店铺的目标消费人群进行具体分析。商家主要可以根据以下内容进行分析。

- 目标消费人群的所在地。
- 目标消费人群的性别。
- 目标消费人群的收入情况和社会地位。
- 目标消费人群的购物时间。
- 目标消费人群对商品功能、形状、颜色、外形等方面的偏好。
- 目标消费人群怎样做出购买决策，购买决策主要受谁的影响。
- 目标消费人群的维护。

比如，某品质较高的定制服装品牌，其消费者往往具有收入较高、拥有一定社会地位等特性，在消费喜好上可能更关注"国际流行"，在商品的颜色、样式上也更偏向于"当季流行风""当季流行色"等特征，同时对商品的售后服务要求较高，体验良好的VIP服务更容易赢得他们的好感。

商品和店铺的定位不同，目标消费人群就不一样。商家可以在通过各种数据分析工具找准自己的目标消费人群后，根据目标消费人群表现出来的特征，设计他们感兴趣的视觉内容，展现可以影响他们购物行为的信息，为最后的成交做好铺垫。

2.1.2 消费者的视觉认知

消费者的视觉认知，就是商家通过视觉信息向消费者传递商品和品牌的印象，提高消费者对商品和品牌的认知度与好感度，从而提高消费者购买的概率。要想影响消费者的视觉认知，首先要让消费者快速了解和接受商家所传达的视觉信息。一般来说，更容易被消费者接受和记忆的视觉信息都具有以下几个特点。

- **画面干净、简洁**：视觉画面的最终呈现效果要干净、简洁，过于杂乱的视觉元素会扰乱消费者对视觉信息的认知。

- **画面的创意与美感**：具有创意和美感的画面可以快速吸引消费者的注意，同时激发消费者对创意内容的思考，加深消费者对视觉信息的理解与认知。需要注意的是，创意应直接、简单，让消费者可以快速理解。

- **多元素综合运用**：在碎片信息时代，需要消耗消费者的大量时间去阅读和理解的视觉信息会严重影响消费者的视觉体验，因此，商家应该将信息以综合化的形式进行展示，即文字、图片、形状、人物、背景等互相结合，方便消费者快速理解信息。

- **品牌关联**：进行视觉设计时可与自身的品牌相关联，如对于品牌Logo、品牌代言人、品牌口号等具有标识性的内容可以根据实际需要进行应用，以加强消费者对品牌的印象，形成完善的品牌形象。

图2-1所示的蓝牙耳机海报，颜色种类较少，以商品颜色为主要颜色，画面简洁，信息明确，主要视觉信息与背景形成强烈对比，具有较大的视觉冲击力。文案的主题十分明确，直接展示了品牌的态度，同时对商品信息进行了简单、直接、精准的表达。海报中文案、形状的样式，以及表现出来的人物状态，无一不是对品牌印象的完善和强化，既可以提高消费者的视觉舒适度，又方便消费者快速理解海报中的信息。

图2-1　蓝牙耳机海报

2.1.3　消费者的购物需求

每一位消费者在购买商品时，都有着基本的购物需求，如购买某类珠宝饰品的消费者，对商品最基本的诉求就是好看。但不同类型的消费者，对同一类商品的购物需求又表现出差异性，如有些消费者要求这款商品有品质、有格调，可以体现其身份和层次；有些消费者则要求这款商品经济实惠、性价比高。

目前的电商市场已经由卖方市场转变为买方市场，满足消费者诉求是每一位商家都应该考虑的问题。商家根据消费人群的不同诉求在视觉营销中针对自己的商品进行有重点的呈现，可以让消费者快速对商品产生购买欲望，提高商品的最终转化率。

根据马斯洛需求层次理论，主要可以将消费者的购物需求分为5个层次。

1. 生理需求

人的生理需求可以细分为对呼吸、水、食物、睡眠、生理平衡等多个方面的需求，这是人类满足自己生存需要的基本需求，是影响人们行为的主要动力，也是消费者对商品最基本的需求。以食物类商品为例，食物类商品最基本的功能是满足消费者的饮食需求，因此食物类商品在视觉营销的设计上，首先要展现的就是该商品能满足消费者的"口腹之欲"。图2-2所示的视觉设计，通过直接且强烈的视觉冲击展示了商品的基本功能——食用，直接触及消费者的基本诉求，将消费者带入饮食场景，从而使其产生购买的欲望。

图2-2　基于消费者生理需求的视觉设计

2. 安全需求

安全需求处于生理需求之上，当消费者的生理需求得到满足时，安全需求就成为下一个必须要实现的需求。对于商家来说，在视觉营销中让商品满足消费者更多安全方面的需求十分重要。图2-3所示的视觉设计，通过文案分别从工艺、原料、配方、功能等方面对食品的安全与健康性做了说明，将安全性体现在视觉营销中，以满足消费者对商品的安全诉求。

当然，消费者对食品、服饰、器具等类目的商品有强烈的安全诉求，但对书籍、首饰、珠宝等类目的商品的安全诉求则相对较低，这要依据商品的具体特性而定。

图2-3　基于消费者安全需求的视觉设计

3. 情感需求

人的情感需求包括亲情、友情、爱情等，情感需求处于生理需求和安全需求之上，比生理需求更加细腻。在电商视觉营销领域，人的情感需求主要表现为感情上的共鸣，即设计人员应通过对消费者情感需求的分析，在视觉设计中进行恰当的呈现和表达，让消费者切身感受到购买这类型的商品可以达成的情感满足与喜悦，或者让消费者直接通过视觉设计感受到商品和品牌想要传递的情绪与情感，从而形成情感共鸣。图2-4所示的珠宝商品的视觉设计，以爱情为切入点，将商品所代表的"浪漫""忠诚"等情感传递给消费者。

图2-4　基于消费者情感需求的视觉设计

4. 尊重需求

在满足了基本的生理、安全、情感等需求后，人会倾向于追求稳定的社会地位，希望个人的能力和成就得到社会的认可。在电商视觉营销中，消费者的尊重需求主要体现为对自己身份的认知和认可，这样的消费者更关注商品的象征意义，关注商品的品牌形象、品牌的文化内涵等。如果商家在视觉设计中更好地去呈现或表达这种尊重，会让消费者很容易记住商家的商品和品牌。图2-5所示的香水品牌的商品海报，就是通过商品所代表的内涵，体现目标消费人群所追求的个性，以满足消费者对自身个性、独特思想的表达需求。

图2-5　基于消费者尊重需求的视觉设计

5. 自我实现需求

自我实现需求的满足，可以带给人精神上的成就感。在电商视觉领域，自我实现需求可以理解为商品和品牌带给消费者的心理认同，这要求商家赋予商品和品牌主流的价值观，从而让消费者受到商品和品牌的启发。

这5个层次的消费者需求之间既相互独立又相互联系。有些商品在电商视觉营销信息的传达中，可能同时兼顾消费者的所有需求，但有些商品却只能实现其中的一个或几个需求。不同的需求点面对的消费人群会有所差别，商品的目标消费人群对什么需求反映最强烈，商家就应该认真地做好满足目标消费者人群该项需求的视觉营销。

2.1.4　消费者的购物阶段

大部分电商消费者选择购物都是因为有相应的需求，当消费者产生购物需求时，购物这个过程就开始了。在整个购物过程中，消费者大致会经历产生购物需求、选择商品、购买商品3个主要阶段，每个阶段又会产生不同的消费心理。对于商家而言，抓住消费者每个阶段的消费心理，就可以知道消费者最想获得的商品信息，从而制作出更能吸引消费者注意的视觉效果图。

1. 产生购物需求

当消费者产生购物需求时，如果选择在电商平台进行购物，可能导致的最直接的购物行为就是搜索商品。在这个阶段，消费者依靠搜索商品了解商品的基本信息，商家则要考虑怎么确定自己的目标消费者，将商品尽可能展示在他们眼前，并吸引他们点击。从电商视觉营销的角度看，商家要想吸引消费者点击，就应该设计消费者喜欢的视觉效果，一般可以从消费者的购物原因、消费者的人群特征、消费者对商品的需求等几个方面进行考虑。

2. 选择商品

当消费者浏览了商品的基本信息后，就会面临选择商品的问题。消费者在选择商品时，通常会考虑的问题是商品的价格、其他更有吸引力的商品等，经过一番比较后才会做出购买决定。在这个阶段，商家同样需要根据消费者的消费心理对商品进行展示，消费者最想获取该商品的什么信息，商家就展示什么信息，这样才能最大限度地影响消费者的选择。

在选择商品的阶段，消费者往往还会对商品进行简单的评估，如在网上了解商品信息、查看其他消费者对商品的评价、在社交平台上查看商品的口碑等，如果有具一定影响力的人对商品进行推荐，也会成为影响消费者购买的重要因素。因此，商家针对该阶段消费者的消费心理，也可以给消费者展示相关信息，打消消费者的顾虑，如很多商家会将明星、红人的推荐和代言作为视觉展示的重点，以此来提高商品的竞争力。

3. 购买商品

消费者选择了商品之后，接下来就可能产生购买行为。在购买商品阶段，消费者会对商品的售后、物流等因素比较关注，同时支付方式是否便捷也会影响消费者的最终购买。所以，作为商家要针对消费者该阶段的消费心理，提高物流效率、售后服务质量等，同时将这些因素通过文案说明、图示解说、视频说明等方式展示给消费者，进一步打消消费者的顾虑，最终促成商品的交易。

2.2　视觉营销信息传达的层级

视觉营销信息传达的层级即消费者接受视觉信息的主次。在当下快节奏、信息爆炸、时间碎片化的社会环境下，只有让消费者在尽可能短的时间里快速、准确地获取并理解电商设计人员想要传达的信息，才能更有效地留住消费者。因此，商家需要对视觉营销信息传达的层级进行区分。

微课视频

视觉营销信息
传达的层级

2.2.1　视觉营销信息传达的顺序

消费者在看到一个页面时，其视线的移动轨迹会呈现一定的规律性，因为在浏览页面时一次只能产生一个视觉焦点，且视觉焦点的变动也有一定的顺序。比如，受阅读习惯的影响，在浏览平行排列的同规格图片时，大多数消费者视线的左右移动次数要高于上下移动次数。在一个统一的背景中浏览信息时，消费者的视线首先会落于明显区别于其他地方的区域或者比较醒目的区域。

在这个碎片化的阅读时代，很多消费者不愿意花费时间去阅读冗长的信息，而商家为了更有效地将信息传达给消费者，就必须理解消费者的阅读习惯，减轻消费者大脑对信息处理的过程和步骤，避免消费者花费大量时间去浏览页面。从电商视觉营销设计的角度来看，为了实现这一目的，设计人员就需要通过合理的页面布局和元素组合，建立良好的视觉层级，让消费者在第一时间阅读到有效的信息。同时，合理利用消费者的浏览习惯，还可以有目的地引导消费者的视觉焦点变动，形成一定的浏览路线，让消费者主动按层次浏览画面，从而更好地接收设计人员想要表达的信息。

如图2-6所示，消费者的视线焦点主要有两个：左边的商品和右边的文案。其中左边的商品颜色鲜亮醒目，很容易吸引消费者反复浏览。

图2-6　消费者的视线焦点

而在建立视觉信息顺序之前，应先分析视觉信息的主次。想让消费者优先看到的信息通常为主要信息，主要信息的确认要建立在视觉营销活动目的、视觉营销活动定位、目标消费者定位的基础上。比如，策划一次大促活动，其活动目的是销售商品，那么主要信息可以是促销满减，也可以是消费者最感兴趣的其他利益点，而活动形式、活动时间等则为次要信息。

- **活动目的**。品牌升级、品牌推广、提高销售额、拉新、促活等。
- **活动定位**。传递品牌文化、促销等。
- **目标用户**。性别、年龄、地域、学历、收入、消费习惯、所在行业、商品偏好、行为特征等。

主要信息相当于一个主题，设计人员设计时依据运营要求还可对主要信息进行分级，设置核心信息、重要信息、次要信息。这些信息的划分一般可遵循以下原则。

- **核心信息**。核心信息即可以直接吸引消费者的信息，如主文案、主标题等，要求少而精，在设计上应该着重突出，目的是让消费者迅速理解信息并激发其继续阅读的兴趣。
- **重要信息**。消费者被核心信息吸引，产生阅读兴趣后，会进一步了解相关内容，重要信息即起到帮助消费者在最短时间内理解信息的作用。
- **次要信息**。次要信息主要用于帮助消费者获取活动的详细信息，在引起消费者兴趣后可起到介绍说明的作用，无须过多设计，便于消费者理解即可，避免与主要内容相冲突。

如图2-7所示，消费者在看到图片的第一眼时，视线焦点位于图片正中，文案中的核心信息为"年终盛典"，当消费者对商品和"年终盛典"核心信息感兴趣时，继续浏览则会注意到"前1小时狂欢触底价"，最后会浏览"1分钱预约 抢0.01元购半价"等重要信息和次要信息，完成对商品和活动信息的基本了解。

图2-7　消费者浏览信息的顺序

2.2.2　建立视觉信息层级

为了让消费者优先看到视觉设计的主题，设计人员在进行设计时，可以通过一些方法对消费者的视线进行引导，如通过空间、色彩、平面、动静等方式来体现视觉信息的顺序和层级，从而实现信息的有效传达。

1. 利用空间感建立视觉层级

通过空间感区分视觉层级指在视觉上造成主体与背景的视觉差异，如利用空间近实远虚的原理，利用模糊的效果使背景显得遥远，降低其存在感，同时保持前景主体的清晰，与背景形成强烈的对比，在这样的视觉环境中，近景信息更易被消费者感知。如图2-8所示，变形金刚模型和文案作为醒目的前景呈现在画面最前方，与低明度的背景对比十分明显，消费者只需看一眼就可以获知画面的主要信息。此外，还可以通过设计技巧突显空间感，如为核心信息添加投影等。如图2-9所示，为核心信息"华硕品牌狂欢"添加投影，营造了空间上的对比，使其位于消费者视线接触的最前端，因此，核心信息能不受背景图片干扰，优先被消费者感知。

图2-8　按照近实远虚呈现视觉层级

图2-9　添加投影体现视觉信息层级

2. 利用色彩建立视觉层级

通过色彩的视觉特点可以构建视觉信息的层级感。从视觉心理来看，人眼对于不同的颜色会产生不同的感知，在同一距离观看不同波长的色彩时，红、橙、黄等波长较长的色光，能够在视网膜上形成内侧映像，而蓝、绿、青等波长较短的色光，则在视网膜上形成外侧映像，这样的特征投射在人的感官中，可以形成远近不同的印象。同时，将色彩运用于不同背景时，色彩的远近关系也会产生不一样的变化。越鲜亮的色彩，在视觉上显得越近；越暗沉的色彩，在视觉上显得越远。

通过色彩的不同组合，可以在页面中体现丰富的层级关系。如图2-10所示，通过色彩的对比，突显了图片中的主体部分，对视觉信息的主次进行了明显的区分，使消费者的视线首先聚焦于红、黄色区域，第一眼就能看到核心文案信息。

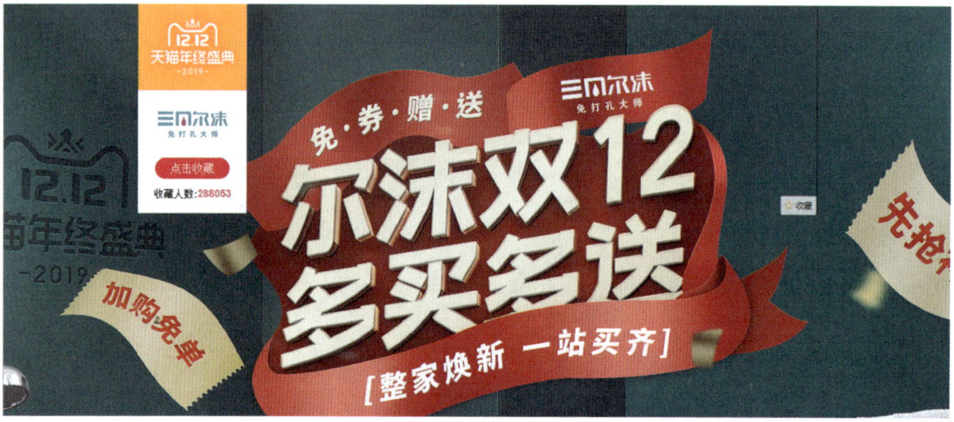

图2-10　按照色彩对比呈现视觉层级

3. 通过视觉顺序建立视觉层级

大多数消费者的阅读习惯都是从左到右、从上向下，在这个规律的影响下，在一个空间、色彩等均没有形成或者难以形成特别对比的画面中，设计人员应遵循消费者的浏览习惯，将重要的信息放在页面左上、中上部分，使消费者更有效地了解重点信息。这种方式在电商视觉营销中的应用十分常见，如店铺首页中的品牌Logo、店招、分类导航、首焦图等重点信息都显示在这个区域内。如图2-11所示，商品主体位于页面的左上角，是消费者视线的第一个落点，按照浏览习惯，右侧的文案往往会成为消费者视线的第二个落点，接着大部分消费者会直接向下浏览，快速获取页面下方的主要信息。

根据消费者的浏览路径放置视觉信息，可以极大地提高消费者获取信息的速度和效率，更容易留住消费者。

图2-11　按照消费者浏览习惯呈现视觉层级

4. 通过大小关系建立视觉层级

通过大小关系建立视觉层级是指根据近大远小原则，控制画面中各元素的大小比例，用大而近的设计方式吸引消费者的注意力。大小对比的展示方式常用于展示小件商品，如图2-12所示，窗帘、窗户与地板形成了一个整体，作为背景对植物进行衬托，显得远而模糊；植物是鲜亮的绿色，与浅色调的背景颜色对比明显，显得近而清晰。两者在视觉大小关系的作用上，背景元素的视觉距离消费者更远，变得更小，而植物的视觉距离消费者更近，变得更大，因此植物成为消费者视觉捕捉的第一目标。当然，在进行大小对比的视觉设计时，商品主体并非越大越好，过大容易使画面各元素的对比失衡，破坏画面的整体美感，难以给消费者带来舒适的视觉体验。

图2-12　按照大小关系呈现视觉层级

5. 通过视觉指引建立视觉层级

通过视觉指引建立视觉层级是指通过画面中有效的视觉指引，将消费者的视线引导至核心信息处。视觉指引的方式有很多，常见的有导向指引、顺序字符等。

• **导向指引**。导向指引是指利用有导向性的元素，如形状、箭头、模特的眼神手势等，指引消费者的视线，引导消费者根据指引浏览信息，从而实现视觉信息主次的区别。如图2-13所示，就是通过手的动作指引，将消费者的注意力引导至商品上。

图2-13　视觉信息的导向指引

• **顺序字符**。具有顺序和方向性的字符，如阿拉伯数字、字母、时间等，也能有效地引导消费者按照设计人员事先设定的顺序实现视线移动顺序。如图2-14所示，即通过阿拉伯数字的顺序将消费者的视线移动顺序变为从左往右阅读，引导了消费者按照一定顺序阅读内容。

图2-14　视觉信息的导向指引

6. 通过动静对比建立视觉层级

通过动静对比建立视觉层级是指通过动态与静态的对比，突出重点信息。比如，静态页面中的动态元素因为与页面有着强烈的视觉对比，往往会成为消费者视线首先捕捉的目标。例如，天猫大促活动期间，导航上方出现的动态弹窗，在大面积的静态元素中，就很容易成为视觉的焦点，如图2-15所示。

图2-15　天猫活动页动态设计

知识补充

视觉信息展示方式的综合应用

在实际的视觉设计应用中，通常会结合多种方法，对视觉信息的主次进行区分和展示。比如，为了突出画面主题，设定中间区域为焦点，然后对其他区域逐渐虚化；同时采用近大远小的物理空间关系，进一步体现视觉信息的层级，引导消费者遵循一定的阅读顺序。或者也可使用颜色的对比、文案的大小对比等，加强各元素的对比关系，从而达到区分视觉信息主次的目的。

2.3　视觉营销信息的分析与呈现

在电商视觉营销中，舒适的视觉体验的确可以让消费者对商品和品牌产生好感和认同，但对于很多品牌知名度不高的商品而言，精准有效的营销信息才能真正起到提高商品销量的作用。从电商商家的角度看，要实现视觉体验良好和营销效果良好的双重目的，通常需要对视觉营销进行准确定位，根据消费者的需求，将消费者真正感兴趣的内容，按照他们的喜好和习惯呈现出来。

2.3.1 圈定视觉传达的人群

要圈定视觉传达的人群，需要先对目标消费者进行定位。在策划电商视觉营销活动时，通常是通过商品定位消费者，也就是根据自己的商品，定位对商品感兴趣的目标消费者，分析他们的特征，并根据他们的喜好实现相应的视觉设计。

在目前数据化运营的环境下，消费者特征一般也是通过数据进行体现的。主流的电商平台都提供了相关数据分析工具，商家可以对店铺和商品的目标消费群体进行分析。比如，使用"生意参谋"就可以对店铺内访客的性别、年龄、地域、消费层级等数据进行有效分析，如图2-16所示。

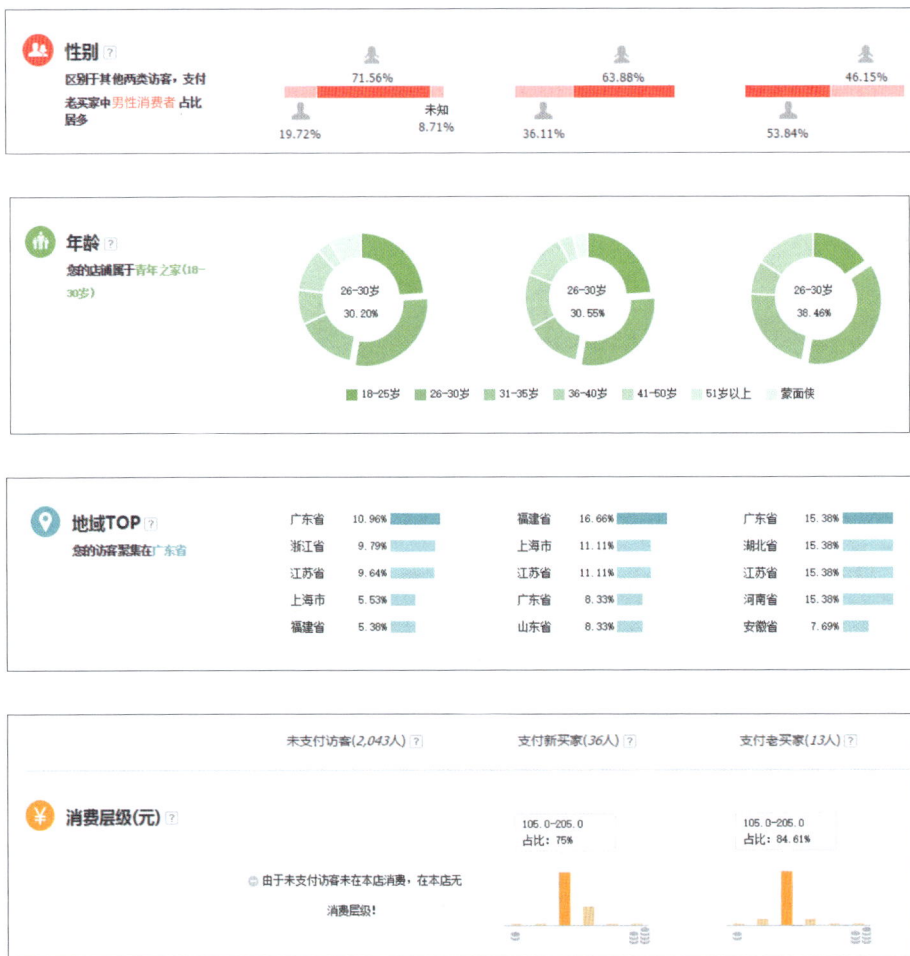

图2-16　分析消费者特征

通过各种数据分析工具对目标消费者的特征进行分析后，商家就可以建立简单的消费者人群画像，圈定自己店铺的目标消费人群。图2-16所示为使用"生意参谋"分析的某数码商品店铺的消费者人群画像，其中购买过该店铺商品的消费者主要集中在18～30岁；虽然女性消费者下单比较多，但在老客户中，男性消费者比例更高；购买过该店铺商品的消费者所在地域以广东、福建、浙江、上海等省、自治区、直辖市为主；购买过该店铺商品的消费者的消费层级主要集中在105～205元这个区间。因此，综合上述各项数据得知，该店铺的目标消费人群主要是分布于广东、福建、浙江、上海等省、自治区、直辖市的18～30岁的年轻人群体。

总体来说，性别、年龄、地域、消费层级等是对目标消费人群的基本定位，在此基础上，还可以通过大数据分析等对目标消费者进行进一步的深度定位，如目标消费人群的喜好、个性标签等。通过这种详细定位，商家可以深度了解目标消费者的消费偏好，找到可以吸引和打动他们的卖点，从而达到更好的营销效果。

2.3.2　挖掘消费者诉求

消费者对商品的诉求主要体现在视觉和商品两个方面。一般来说，年轻消费群体可以接受的视觉风格更加多元化，好的视觉效果可以有效提高他们对商品的好感度，而中老年群体通常更关注商品本身的质量、性价比等。以图2-16所示的目标消费人群为例，该店铺的消费群体比较年轻，商品的视觉表现力可以对他们的购物决策产生很大的影响。商家在进行视觉营销时，视觉设计风格要向年轻消费群体倾斜，根据商品定位、运营策略等提炼与之相符的视觉主题和呈现方式，兼顾男性和女性的审美，凸显商品的价值与调性。同时，商家还要挖掘年轻消费者对商品的共鸣，可以从目标消费人群的兴趣、爱好等方面着手，在视觉传达中加入消费者感兴趣的元素，或者适度体现娱乐性，赢得消费者的好感。综合分析后，大致可以整理出图2-17所示的基本诉求。

图2-17　分析基本诉求

图2-18所示的视觉设计，就是结合商品本身的特性，将视觉设计目标受众定位到对游戏等感兴趣的年轻消费群体上，通过十分具有冲击力的视觉效果对商品进行展示，从而吸引对电影、游戏等感兴趣的消费人群。

通过挖掘消费者诉求，商家还可以更好地展现商品卖点，通过商品卖点吸引目标消费人群的注意，满足目标消费人群的诉求。假设图2-16所示为某款耳机的目标消费人群特征，且目标消费人群主要通过"运动耳机""防水"等关键词进入店铺，则表示该商品的目标消费人群以运动人群为主，在进行视觉设计时，就可以添加运动、健身等相关元素，对商品进行展示，从而更好地吸引目标消费人群，如图2-19所示。

消费者的诉求是多样化的，会随着消费者年龄、性别、收入、地域、行业的变化而变化，商家必须抓住目标消费人群最关键的诉求，在视觉营销中进行展现。比如，某个店铺的目标消费人群为25～40岁的女性群体，在整个行业中处于中等消费水平，购买家庭用品的比例较高，则店铺在进行视觉营销时，要同时兼顾视觉感受和商品性价比两个方面的内容。在视觉设计上，可以融入"家庭""亲情"等元素，与目标消费人群形成情感共鸣；在营销推广上，可以体现商品的优惠、折扣、性价比等信息，吸引目标消费人群的浏览和购买。如果该店铺的目标消费人群的消费能力处于行业的中高等水平，则在视觉设计上要传达出高品质、有格调等信息，满足该消费水平的消费者的购物需求。

图2-18　定位消费者喜欢的视觉风格

知识补充

抓住关键诉求

消费者诉求是难以全部满足的，商家要懂得抓住最能吸引消费者、打动消费者的卖点，在视觉营销中进行展示。

图2-19　定位消费者诉求

2.3.3　视觉呈现

　　了解了目标消费者的诉求后，商家就可以在活动和项目需求的基础上，将消费者诉求和视觉营销结合起来进行呈现。一般可按照分析项目和消费者、确定项目关键视觉点、确定视觉风格和最终架构几个步骤进行分析和呈现。

1. 分析项目和消费者

　　分析项目和消费者主要是指通过对项目的分析来定位消费者。这里的项目可以是营销活动项目，也可以是店铺日常装修，或者是商品页面装修等。不同的项目，通常需要使用不同的目标消费人群定位方法。比如，营销活动项目分析，对店铺而言，营销活动主要起到大量引流、提高转化率和销量的目的。营销活动面对的目标消费人群往往易受商品性价比吸引，更追求活动优惠，因此商家在挖掘消费者诉求时，通常会将重点放在营销上，在用营销为主要引流手段的同时，兼顾视觉对消费者的影响，用视觉拉近与消费者的距离，提高消费者对商品和品牌的好感度。如图2-20所示，左图为某耳机品牌的"双12"活动页面，右图为某婴幼品牌的"双12"活动页面，两个页面视觉传达的重点都是活动满减、折扣等营销信息，既符合活动背景和活动目的，又可吸引目标消费人群，满足其基本诉求。

图2-20　以营销为主的视觉传达

　　如果是店铺日常装修，则此时视觉的主要传达对象多为与店铺目标消费者的人群画像高度重合的消费者。比如，一家文艺慵懒风的女装店铺，其视觉传达对象主要是对文艺风感兴趣的女性消费者，或者有过类似商品的浏览、加购（即加入购物车）、收藏、下单等行为的消费者。此时商家需要根据店铺商品的风格、价格，以及适合的年龄、性别、地域等因素，锁定与这些因素高度匹配的消费者，以他们为视觉传达的主要目标，抓住他们的兴趣喜好进行视觉设计。图2-21所示为厨具家居品牌，该品牌的厨具外观设计十分漂亮，功能上体现了很多创意和细节，视觉设计与商品特性保持了很好的统一，展现了简洁大气、巧妙精致的家居设计之美，对热爱家居装饰、热爱生活和家庭的年轻消费群体具有很大的吸引力。

　　如果是商品页面装修，视觉的主要传达信息通常都是商品卖点。要完成活动页面、店铺首页消费者的最终转化，最后都引导他们跳转到商品页面，因此该页面主要起到全方位展示商品，并促成消费者购买的目的。

　　项目背景会因为营销方向的不同而产生差异，并且营销行业不同，项目背景分析也不同。比如，服装和茶叶两个行业，消费者之间就存在非常大的差异性，吸引他们的视觉内容也就不一样，需要根据具体情况进行多方面的分析。

图2-21　以视觉效果为主的视觉传达

2. 确定项目关键视觉点

项目关键视觉点是指消费者最关注的内容，或者最容易吸引消费者关注的内容，将其与视觉表现手法关联起来，就可以与目标消费者建立起快速的沟通。关键视觉点的类型很多，绚丽的色彩、美观的画面、直白的营销等都可以作为关键视觉点。关键视觉点的确定依然建立在对消费者的分析和定位的基础上，其目的主要是直接、快速地吸引消费者的注意力。一般来说，可以从视觉风格、价值认同、IP联合等方面来建立关键视觉点，从而快速吸引消费者的注意力。

（1）视觉风格

视觉风格主要是从视觉表现上吸引消费者，以视觉风格建立关键视觉点时，可以从行业上对项目和消费者进行分析和定位。比如，与运动相关的商品，其视觉风格一般都比较沉稳大气；与儿童相关的商品，其视觉风格一般都比较可爱清新；与茶叶相关的商品，其视觉风格一般都比较古典传统等。图2-22所示为常见的儿童商品店铺的视觉风格。

（2）价值认同

价值认同是指品牌的价值观、品牌的文化内涵等，或品牌和商品传达出来的价值能够获得消费者的认可。品牌和商品要获得消费者的认同，视觉设计所传递出来的核心价值信息就要与消费者的认知一致。品牌在用价值认同的方式建立关键视觉点时，一般可以结合自身的特点。比如，某欧美风女装品牌以高档取材和精湛工艺为主打，传递"轻奢"的消费理念，其品牌价值与"需求为品质消费，

但又无法承担奢侈品价格"的消费者的需求相匹配，此时该品牌就可以"轻奢"的主题建立关键视觉点，以具有名模气质的模特展示商品，与时尚流行接轨，获得目标消费者的认同，图2-23所示的服装品牌即以价值认同确定关键视觉点。

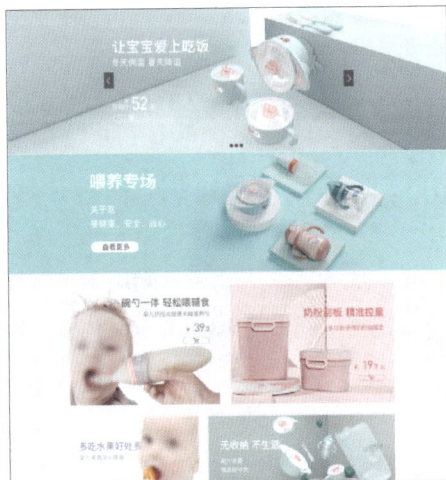

图2-22　以视觉风格确定关键视觉点　　　　图2-23　以价值认同确定关键视觉点

（3）IP联合

IP联合是指商家与具有一定热度和知名度的IP联合，通过IP的相关元素建立关键视觉点，快速吸引消费者的注意力，图2-24所示为某运动品牌与山海经的IP联合。IP联合的范围十分广，偶像、明星、电影、小说等IP，只要具有一定的受众，都可以快速吸引目标消费者，寻求他们的感情认同，促成最终的购物行为。

图2-24　以IP联合确定关键视觉点

3. 确定视觉风格

确定视觉风格是指在根据目标消费人群定位了关键视觉点后，围绕关键视觉点对整体的视觉风格进行呈现。比如，茶叶、瓷器等与"文化""韵味"相关的商品，或目标消费人群偏好"文化""韵味"等风格时，即可在整体视觉设计中添加与之相符合的元素，如水墨、云雾、花鸟、印花、云纹等，图2-25所示的瓷器商品的视觉设计，就使用了山水、花枝等设计元素。图2-26所示的服装品牌，为体现品牌价值，主要使用简洁、大方的设计风格，用低饱和度的中性色传递"品质""经典""流行""时尚"等印象。

图2-25　瓷器商品的视觉风格

图2-26　奢侈品牌设计风格

4. 最终架构

最终架构指把多个场景架构在一起，完成视觉的最终呈现。比如，某品牌的目标定位人群为中高消费水平的人群，追逐时尚潮流、品质和价值的女性消费者；关键视觉点为可以体现品牌价值的超模风、杂志风；视觉设计采用扁平化风格；并在页面中保持恰当的留白，体现品牌的气质和格调；将这些场景结合起来，再辅以简洁精炼的文案、清晰明确的价格，就可以架构出品牌店铺视觉的最终效果。

2.4 用创意提高电商视觉营销的效果

电商视觉营销以营销为最终目的，但是在实现营销目的之前，还需对其进行足够的展示和传播，扩大视觉营销的影响范围。而要提高展示和传播的效果，创意是一条十分有效的途径。视觉创意通常建立在对品牌的深刻理解与洞察之上，深刻剖析商品、体现品牌精神的创意可以引发消费者的共鸣。好的视觉创意，可以为视觉营销提供极大的助力。

拓展资料

创意广告赏析

2.4.1 创意提炼

电商视觉创意的传达对象主要是消费者，为了打动消费者，其创意多半都是基于消费者或基于商品提炼出来的。

1. 基于消费者提炼创意

基于消费者提炼创意，需要准确抓住消费者的需求。这里的消费者需求并不仅仅指消费者对商品的需求，还可以包括消费者的兴趣爱好、日常生活、网络行为等。将与消费者息息相关的、可以令消费者产生共鸣的点融入视觉设计中，就可以快速打动消费者，让消费者对品牌产生好感，甚至对品牌进行自发的传播。图2-27所示为卫龙食品的视觉创意。

图2-27 卫龙食品的视觉创意

卫龙食品主营"辣条"商品，其目标消费者多为对互联网十分熟悉的年轻人，为了迎合目标消费者的喜好，卫龙经常将互联网上流行的话题、热点等可以吸引消费者注意力的元素运用到自身的视觉设计中。图2-27所示的视觉创意设计，即融入了"抖音""美工不干了"等十分容易引起消费者讨论的话题，创新性地将店铺首页设计成一个Excel的操作界面，让消费者好像在浏览一个电子工作表一样去选择商品，这样可以给消费者留下深刻的视觉印象。

基于消费者需求提炼视觉创意，要求运营人员了解自己的目标消费人群，了解他们日常关注的东西，挖掘网络热点，具有广泛的知识面，最后还要学会对可以吸引消费者注意力的素材进行收集、整理和分析。

2. 基于商品提炼创意

基于商品提炼创意指依据商品本身来挖掘创意，如通过卖点挖掘创意、通过与其他元素的联合挖掘创意，或者借助热点挖掘创意等。

（1）通过卖点挖掘创意

通过商品本身的卖点、功能等挖掘创意是比较常见的做法，在电商视觉创意的实际应用中，通常体现为对商品功能的夸张表现。图2-28所示的耳机广告和牙膏广告就是对商品功能的夸张表现，前者传达出"真人演讲"的音质效果，后者传达出"白到反光"的洁牙效果。

图2-28　创意广告

在电商领域，商家为了保证对商品卖点和功能的真实呈现，通常不会使用过于夸张的表现方式，主要通过一些元素对商品的效果进行烘托、对比。比如，图2-29所示的口香糖视觉设计，通过"冰"的运用烘托商品冰爽的口感；图2-30所示的巧克力饼干将浓郁的巧克力酱制作成"旋风"的形状，直观地表现了商品的口味，与饼干名称相匹配，具有很鲜明的视觉特点。

📢 **知识补充**

保证商品的真实呈现

电商商品的视觉设计首先要保证对商品的真实体现，可通过一些设计手法对商品进行恰当修饰，但不可过度夸张，否则商品与实物存在过大差距，容易降低商品的口碑。

图2-29　口香糖视觉设计

图2-30　巧克力饼干视觉设计

（2）通过与其他元素的联合挖掘创意

通过与其他元素的联合挖掘创意，是指将一些与商品形成联系，或存在一定对比的元素应用在商品的视觉设计上，为商品的视觉设计增加亮点。在使用该方法提炼创意前，需要仔细观察并理解商品，在对商品充分理解的前提下寻找共性，拓展视觉创意。一般来说，动植物形象、文化内容、游戏周边等类型的元素都可以与商品联系起来，图2-31所示为故宫文创出品的商品，就是与故宫博物院中的藏品进行的联合。

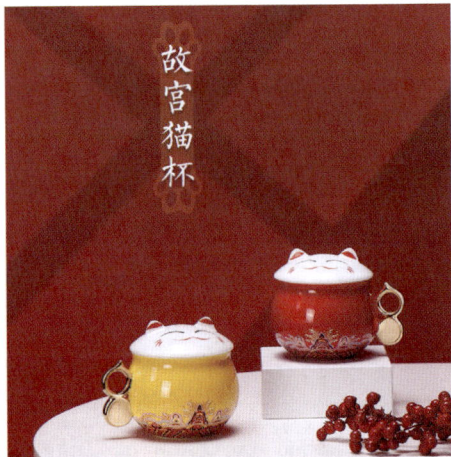

图2-31　故宫文创视觉设计

故宫文创将故宫博物院中的藏品、有代表性的元素等，与人们日常所用的商品结合起来，对文化商品的外观进行有故事、有内涵的创意设计，从而吸引大量消费者的关注。除了直接在商品上体现创意之外，还可以在店铺视觉设计上与其他元素联合，提炼出创意点。

（3）借助热点挖掘创意

借助热点挖掘创意指寻找当前网络和社会中可以吸引目标消费者关注，并且热度比较高的话题，然后将该话题与自己的品牌、商品结合起来，进行创意视觉设计。通过该方式挖掘创意需要找到热点和商品的独特结合点，选择合理的角度，对热点和商品进行巧妙的融合，这样既能体现品牌的统一个性和调性，又能利用热点赋予商品情感、对商品进行表达，快速吸引消费者的注意力，拉近商品与消费者的距离。图2-32所示是小米借助知名明星结婚的热点而展开的创意设计，按照明星"官宣"时发布的图片，设计了自身商品的视觉呈现，其中"5G""10G"分别代表着5G网络和10G内存；图2-33所示为卫龙借助热点的图片，同样也根据明星"官宣"的图片对自己的商品进行了展示和宣传。

这种借势热点的视觉创意具有很大的话题度和讨论度，很容易引起消费者的关注，能够大大提高商品和品牌的曝光度，但需要注意的是，在使用热点素材时，不能被热点事件影响了品牌自身的定位，同时商家在对热点事件进行选择时要有一定的职业操守。

图2-32　小米手机借助热点的视觉设计　　图2-33　卫龙食品借助热点的视觉设计

2.4.2　提高视觉表现力

电商视觉创意可以快速吸引消费者的注意力，促使其浏览商品，记住品牌，甚至可以使品牌达到广泛传播的效果。电商视觉创意并没有固定的模板，任何思维、任何角度都可

拓展资料

电商动态视觉

以做出令消费者记忆深刻的创意。在提炼电商视觉创意时，可通过以下几个常用方法提高视觉的表现力。

1. 视觉拟人设计

视觉拟人设计是指将商品或品牌赋予人的形态、语言或情感等，并在视觉设计中表现出来。视觉拟人设计在电商领域中的应用颇为广泛，用各种具有感染力的人物特征来展示商品卖点，可以更加贴近消费者，使消费者在看到商品时迅速产生情感共鸣。

品牌拟人化介绍通常需要构思者非常熟悉自己的商品，将品牌与比拟对象紧密贴合，勾画出贴近消费者心思的场景，让消费者产生代入感。比如，三只松鼠、旺仔牛奶、江小白等都通过对品牌的拟人化赋予了品牌人的形象和情感，用拟人的形象代表品牌与消费者互动。商品拟人与品牌拟人一样。比如，长城葡萄酒的商品拟人文案——"三毫米的旅程，一颗好葡萄要走十年"，将葡萄酒的原材料拟人化，从而赋予葡萄酒品牌坚韧不拔、精益求精的精神。比如，百事柠檬味可乐，设计出打斗的拟人化的柠檬形象，落败后的柠檬掉入可乐杯中，与可乐碰撞出全新的柠檬口味，画面设计既具有趣味性，又体现了柠檬的新鲜感。

事物拟人化的表现形式十分丰富，图2-34所示的商品图片在视觉表现中就融入了拟人化的设计，左图通过简单生动的表情设计，使薯片拟人化；右图通过设计"橙子"的卡通形象，将橙汁拟人化。

图2-34　视觉拟人设计

2. 视觉动漫设计

视觉动漫设计是指将为商品赋予独特的动漫形象，或将商品与动漫结合起来，或将场景缔造为动漫化的场景，通过动漫式的设计实现诸多现实无法呈现的效果。视觉动漫式的设计在儿童商品中比较常见，随着动漫游戏的增多，很多成年消费者也逐渐成为动漫设计的接受者。

图2-35所示为天猫健力多旗舰店的视觉设计，以"运动"为主题，通过动漫人物和动画场景的设计构建出"运动""拼搏"的氛围，同时将各种运动的元素与商品功能结合起来，具有视觉识别度的场景新颖、有趣，很容易引起消费者的共鸣，既方便消费者识别视觉信息，又能加深消费者的视觉印象。

场景动漫化的应用虽然可以将消费者迅速带入特定情境，但操作过程中需要注意动漫人物形象及场景的选择，避免不适宜的展现方式，尽量选择合适且有时代感的积极动漫人物。

图2-35　视觉动漫设计

3. 视觉情感设计

视觉情感设计是指在视觉设计中融入情感元素，用情感直击消费者的内心，迅速引起消费者的情感共鸣。例如，很多中老年服装商家将目标消费人群定位为商品的使用者——50岁左右的妈妈们，但有些商家却另辟蹊径地把目标消费人群定位为适婚年龄段的子女。因为很多50岁左右的妈妈并不熟悉网购，或者并不热衷于网购。所以，商品的实际购买者很可能是他们的子女，这部分消费者具有一定的经济基础和购买动机，往往会带来不错的转化。于是部分商家将"孝心"作为视觉设计的切入点，并在商品页面以及店铺海报上加以呈现，吸引消费者的注意力，并引发他们的情感共鸣。除了服饰之外，很多保健医疗商品也经常从情感的角度进行视觉设计和展现，图2-36所示的图片，即从老年人补钙的角度进行情感融入，吸引消费者的关注并刺激其产生购买行为。

这种方法的运用需要商家深入剖析消费者的心理，并且深入分析市场中的细分人群，对于商家的洞察能力有一定的要求。而商品一旦把握住消费者深层次的心理，情感化的创意便能水到渠成。

图2-36　视觉情感设计

知识补充

电商视觉创意设计的注意事项

电商视觉创意的呈现需要设计人员具备敏锐的洞察力、对细节的观察力，以及对不同事物进行合理联系和发散的能力。视觉创意实施本身具有很强的跳跃性、时效性和特殊性，并没有通用的方法，具体的创意设计还需根据实际情况对信息进行选择和融合。

课堂实训——分析女装店铺的视觉风格

实训目标

本实训要求分析"固执"女装店铺的视觉风格，首先对其视觉定位进行分析，然后分析该店铺圈定的目标消费人群、视觉设计所用的元素等，图2-37所示为"固执"女装店铺的首页效果。

图2-37　"固执"女装店铺首页

实训思路

根据实训目标，分别从品牌定位、品牌视觉设计元素、品牌视觉风格、消费者特征和视觉信息传达5个方面进行分析。

- **品牌定位**。"固执"女装店铺是以"唯美""复古"风格定位的女装品牌，通过品牌视觉设计和呈现，向消费者传递"新复古"的审美观念。
- **品牌视觉设计元素**。"固执"女装以"梅花""复古地砖"等作为品牌视觉设计的主要元素，体现了"优雅""古典"之美。
- **品牌视觉风格**。"固执"女装将"温婉""秀丽"作为主要的视觉风格，通过低明度的复古色调、简洁的页面排版、典雅的设计元素，向消费者传递出了统一的"古典"之感，与品牌的定位十分契合。
- **消费者特征**。"固执"女装的目标消费人群为对"古典""温婉"等风格的服饰感兴趣的年轻女性群体，其消费能力处于中高水平。
- **视觉信息传达**。"固执"女装以模特展示作为主要的信息传达方式，部分海报搭配了简单合适的文案，主要视觉信息十分突出，方便消费者快速获取商品信息。

📈 课后练习

练习1　分析消费者基本需求

以碳酸饮料商品为例，分析消费者对这种类型的商品会产生哪些基本的需求，并对消费者的这些基本需求进行层级排序（根据重要性进行主次排序）。

练习2　分析商品视觉创意

假设要对一款"低卡""营养"的早餐面包进行视觉创意，试着分析可以从哪些方面对商品创意视觉点进行提炼，及如何表达这些创意。

PART 2

第3章

品牌视觉的塑造

案例导入

　　1995年，海尔集团耗时8年打造的《海尔兄弟》动画片正式播出，"海尔"进入了越来越多的观众的视野。通过这部动画片，"海尔"不仅在大众面前树立了清晰、稳固的品牌形象，还将企业的文化精神传达给了消费者。人们提到"海尔"，就能立刻想起那两个搂着肩膀的小男孩，这就是"海尔"的品牌视觉符号。

　　著名的线上坚果零食品牌"三只松鼠"，围绕3只卡通松鼠的形象建立起自己的视觉符号，并在Logo、商品包装、快递包装等方面综合运用，不断重复和加深品牌印记，最终将品牌视觉符号深深植入消费者的记忆中。

　　在视觉营销时代，视觉影响着品牌的方方面面，品牌视觉的重要性不言而喻。对于电商品牌而言，颜色、文字、标签、版式布局等都是其定位和设计品牌视觉效果的重要元素，成功打造出一个具有高辨识度的品牌视觉识别系统，可以有效提高品牌影响力，并带动品牌下商品的销售。

学习目标

- 认识品牌视觉
- 品牌视觉三要素
- 建立品牌视觉识别系统

案例展示

颜色搭配

颜色比例

3.1 认识品牌视觉

自电商进入视觉营销时代以来，品牌视觉受到越来越多企业的重视。独特典型的品牌视觉设计不仅可以提高品牌的知名度，传递品牌的价值理念，还可以使品牌在众多同类竞争者中占有一席之地，获得更多的流量和转化。

3.1.1 了解品牌视觉

要了解品牌视觉，首先应该分析品牌。

电子商务发展至今，线上商品的同质化现象不断加重，同类商品之间的竞争愈加激烈，在大多数情况下消费者与其说是选择商品，不如说是选择品牌。

然而品牌要想拥有影响力，知名度必不可少。如今的电子商务时代正是"眼球经济"时代，消费者无法通过直接触摸去体验和感受线上商品，视觉就是他们了解品牌和商品的主要途径。对于品牌而言，要想将品牌Logo、品牌文化、品牌价值延续、长久地传达给消费者，提高品牌的辨识度和知名度，就必须对品牌视觉进行规划和设计，可以说品牌视觉是打造品牌形象最有力的工具。

品牌视觉就是通过各种视觉设计方法对品牌进行包装、宣传，从而加深消费者对品牌的印象。成功的品牌视觉可以让消费者在消费时快速联想到相关品牌和商品，为品牌创造直接或间接的营销价值。比如，购买辣酱时，很多消费者的脑海中会马上浮现"老干妈"，会想到"老干妈"极具辨识度的红色瓶身和品牌标识，继而顺理成章地选择这种有记忆和印象的商品。

电商品牌视觉包括多个方面的内容，如品牌Logo、品牌文化、商品外观、店铺装修、宣传推广等都属于电商品牌视觉的范畴。

- **品牌Logo**。品牌Logo就是品牌的标识，可以让消费者快速产生联想，增加其对品牌的记忆。图3-1所示为华为和小米的Logo。

图3-1　品牌Logo

- **品牌文化**。品牌文化主要是指品牌蕴含的意义、情感、个性品位等。品牌文化是打造品牌视觉格调的一种手段，受品牌文化吸引的消费者通常都具有很高的忠诚度，如多芬，以"重新定义美"为品牌文化和理念，吸引了全球众多的女性消费者。

- **商品外观**。很多知名品牌的商品外观通常具有其独特性，如"子弹头"外形是M·A·C口红的典型特征。
- **店铺装修**。电商品牌的店铺装修是品牌视觉的主要内容之一，其装修风格也多与品牌定位相匹配。
- **宣传推广**。很多电商品牌的宣传推广也具有明显的品牌风格，在宣传推广时加入品牌视觉符号，可以有效提高品牌的传播力度。

3.1.2　品牌视觉营销的作用

电商平台是一个相对透明的平台，商品之间的信息对比十分直白，一家网店要想体现出自身的差异性，最直接的方式就是在品牌视觉设计上体现差别。

在电子商务领域，品牌视觉设计通常都是为品牌营销服务的，它贯穿着营销的各个环节。品牌视觉设计的最终目的是营销，成功的视觉营销可以提高品牌的识别度，让消费者在看到品牌相关元素时能快速联想到该品牌，或在选择同类产品时首先想到该品牌。

当品牌中的某一个点做出了视觉特色，收获了不错的消费者口碑时，就可以有效提高整个品牌的影响力，带动品牌中各种类型商品的销售。比如，图3-2所示为"三只松鼠"围绕3只极具辨识度的松鼠打造自己的品牌视觉，消费者即使并未看到任何明显的品牌信息，也能够快速联想到"三只松鼠"这个品牌。

图3-2　三只松鼠品牌视觉设计

3.2　品牌视觉三要素

品牌视觉以品牌为主体进行设计，其中主元素、主色调和主体布局是构成品牌视觉的三要素，是消费者最容易快速关注的视觉要素，也是品牌视觉设计时应该优先考虑的内容。

微课视频

品牌视觉三要素

3.2.1　主元素

主元素即品牌视觉设计中常见的元素。为了统一品牌视觉设计的调性，通常需

对品牌主元素进行重点选择和应用。品牌视觉设计的主元素主要以突出品牌、呼应品牌定位、统一设计调性为目的，可以烘托品牌氛围、传递品牌文化，并让消费者进行重复记忆。

比如，"三只松鼠"就直接以3只拟人小松鼠的形象作为品牌视觉设计的主元素，并将其应用到了品牌视觉设计的各个方面，不管是店铺装修、商品包装，还是物流包装，都可以看见3只可爱松鼠的形象，简单且直接地对品牌信息进行了传递和推广，图3-3所示为三只松鼠的海报设计和商品包装。

图3-3 三只松鼠品牌主元素的应用

品牌主元素的选择和应用，其最终目的是刺激消费者、打动消费者，提高其对品牌的好感度和忠诚度。"三只松鼠"是以直接简单的卡通松鼠形象作为品牌的主元素，也有一些品牌从文化、精神、内涵、格调等方面挖掘自己品牌的主元素，只要适合品牌的，或独具品牌特色的标志、口号、色彩、风格等，都可作为品牌的视觉主元素。确定视觉主元素之后，再将其在品牌视觉体系中重复体现和应用，让消费者对品牌产生印象。

3.2.2 主色调

主色调是品牌最直接的视觉要素之一，统一规范的色调搭配可以有效提高品牌的辨识度，给消费者留下清晰且长久的印象。很多著名品牌都拥有独具记忆点的品牌色调，如说到天猫，就让人想到红、黑二色；说到可口可乐，就让人想到红、白二色。对电商品牌而言，线上购物的形式难以让消费者直接触碰和了解商品，更需要使用色彩搭配的视觉影响力来吸引消费者的注意力。

1. 色彩的基本知识

品牌色调就是对色彩的应用，只有了解了色彩，了解了电商品牌色彩运用的基本原则，才能为品牌设计出更适合的颜色搭配。

（1）色彩的分类

色彩是物体上的物理光反射到人眼视觉神经上所产生的感觉，是人对光产生的一种视觉效应，能引起人们共同的审美愉悦，影响人们的感情。根据色彩的变化规律，可将其概括为原色、间色和复色。

- **原色**。原色通常是指不能再分解的基本颜色，主要分为色彩三原色和光学三原色。色彩三原色（CMYK）包括洋红、黄、青，再加上黑色，这几种颜色可以混合出所有颜料的颜色；光学三原色（RGB）包括红、绿、蓝，以不同的比例混合，可以产生多种色光。图3-4所示为色彩三原色和光学三原色。

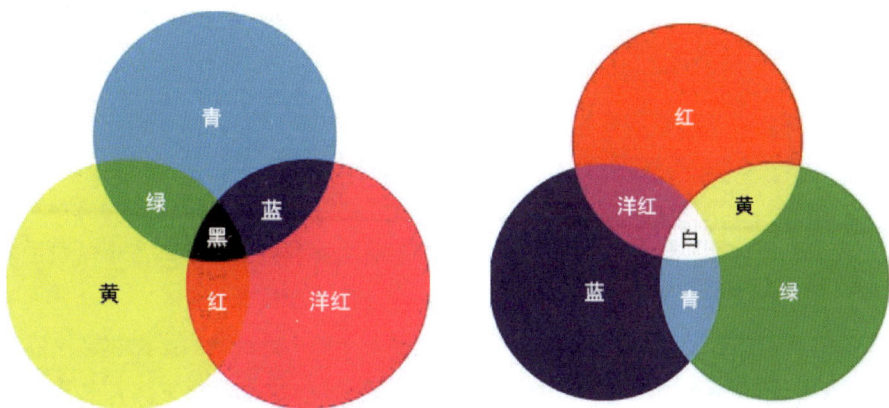

图3-4　色彩三原色和光学三原色

- **间色**。间色是在原色基础上任意两种颜色的结合，即红+黄=橙、黄+蓝=绿及蓝+红=紫。
- **复色**。复色是色彩的第三次调配，如橙黄、橙红、黄绿、绿蓝、蓝紫、紫红等，包括了除原色和间色以外的所有颜色。

（2）色彩的特征

色彩包括无彩色系和有彩色系两种类型，无彩色系主要是指黑、白、灰三色的黑白系列；有彩色系主要是指红、橙、黄、绿、青、蓝、紫等颜色，有彩色系的色彩具有3个重要特性：色相、明度和饱和度。

- **色相**。色是由光的波长所决定的，色相即不同波长的色光的呈现情况。色相是有彩色的最大特征，是区分色彩的主要依据，能够确切表示某种颜色的色别，如玫瑰红、柠檬黄、橄榄绿等。不同的色相会传递出不同的色彩感受，使人们对其产生不同的情感联想，如红色容易让人联想到温暖、喜庆、热闹、危险，蓝色容易让人联想到凉爽、清洁、冰冷、海洋。根据色彩心理上的情感联想，红、橙、黄、棕等色被称为暖色，绿、蓝、紫等色被称为冷色，图3-5所示为冷暖色对比。在电商视觉营销设计中，冷暖色的运用十分常见，如在设计促销活动类页面效果时，为了体现促销的主题，通常会采用暖色进行设计，从而营造紧张、热烈的活动氛围，如图3-6所示。

图3-5　冷暖色对比　　　　　　　　图3-6　活动促销的暖色设计

- **明度**。明度是指色彩的明亮程度，有色物体因反射光量的不同，颜色的明暗强弱也会不同。比如，同一种颜色，在强光照射下显得明亮，在弱光照射下显得灰暗；混合白色明度提高，混合黑色明度降低。另外，不同的颜色也有不同的明度，黄色明度最高，蓝、紫色明度最低，红、绿色为中间明度。色彩的明度会影响人眼对于画面的判断，通常明度较低的颜色，如黑色或者暗色系会使人感觉稳重，明度较高的白色或者亮色系会使人感觉轻盈。在电商视觉营销设计中，日常用品通常多使用高明度颜色，整体视觉效果比较明亮、干净；而科技、数码等部分商品则多使用低明度颜色，体现商品和品牌的特性和质感，图3-7所示的笔记本电脑海报就采用了低明度的颜色来进行视觉设计。

图3-7　笔记本电脑的低明度视觉效果

知识补充

色彩明度的对比使用

　　一般来说，低明度背景中，高明度颜色更易引人注意，反之亦然。因此，在突出重要的视觉信息时，商家可以灵活运用色彩明度，形成明显的视觉对比效果。

- **饱和度**。饱和度也叫纯度，指颜色中所含有色成分的比例。饱和度的高低取决于该色中含色成分和消色成分（灰色）的比例，含色成分越高，饱和度就越高；消色成分越高，饱和度就越低。单色光的饱和度越高，颜色越鲜艳，视觉冲击力越强。在电商视觉营销设计中，大多品类的商品常使用高饱和度的设计，可以第一时间吸引消费者的注意力，图3-8所示的海报就使用了高饱和度的红色，给人热情、活力、时尚、年轻的感觉，具有很强的视觉冲击力。

图3-8　高饱和度视觉效果

知识补充

色彩的对比使用

纯度高、明度高、对比度高、色彩丰富的颜色会使人感觉华丽、炫目；纯度低、明度低、单纯、弱对比的色彩会使人感觉质朴、典雅。

2. 主色调的选择

为了凸显品牌的视觉特色，品牌需要为自己制定一个统一的主色调方案。品牌色调通常要与品牌精神相匹配，如想向消费者传达"乐观""友好""温暖"等情感的品牌，通常会选择橙色、黄色作为品牌主色调；想向消费者传达"激情""自信"等情感的品牌，通常会选择红色作为品牌主色调；想向消费者传达"安全""科技"等情感的品牌，通常会选择蓝色作为品牌主色调；想向消费者传达"健康""环保"等情感的品牌，通常会选择绿色作为品牌主色调；想向消费者传达"浪漫""雍容"等情感的品牌，通常会选择紫色作为品牌主色调；想向消费者传达"经典""品质"等情感的品牌，通常会选择黑、白色作为主色调。图3-9所示的"百雀羚"为了体现其商品健康、自然、草本等卖点，选择了绿色作为品牌的主色调。

当然，用颜色作为品牌视觉设计的主色调并没有统一的标准，很多品牌也会根据商品特性来选择颜色，如很多巧克力品牌都使用巧克力色作为品牌主色调。

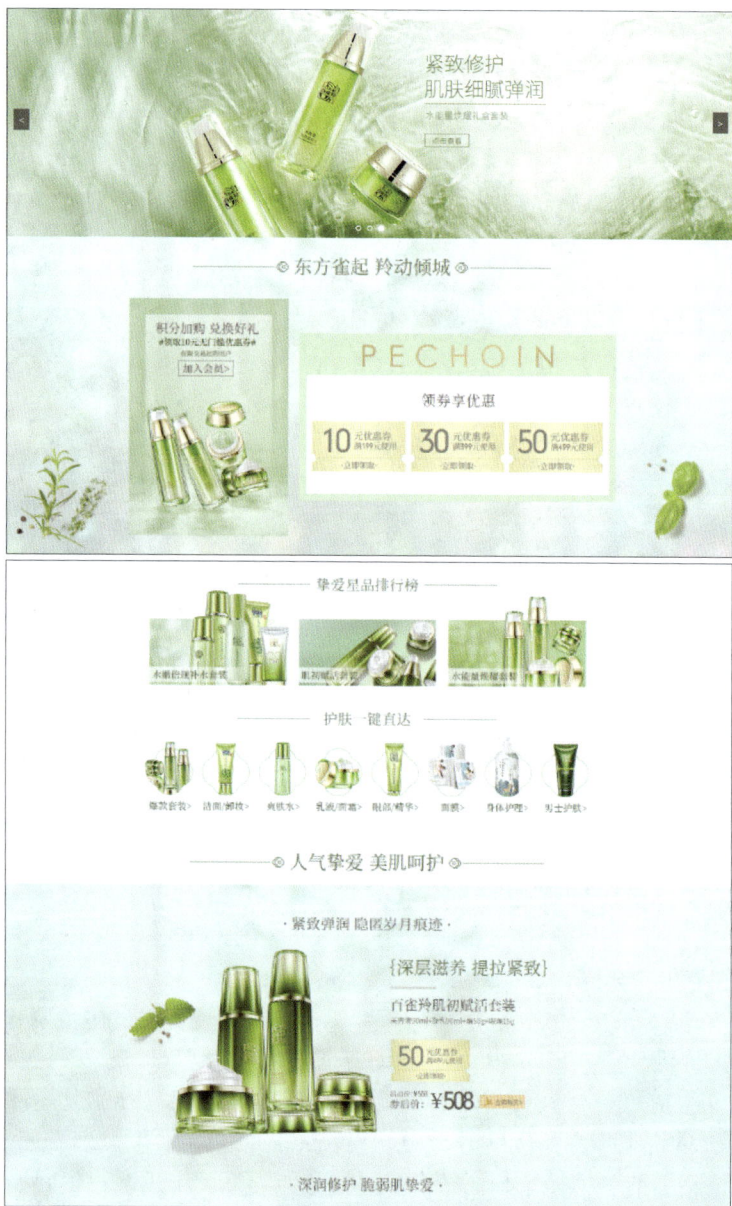

图3-9 与商品特性相符合的主色调设计

品牌主色调的选择，很多时候还显示出行业特征。例如，科技类、数码类商品，多选择冷色或中性色（无彩色系）；服装、美妆等类目的商品，用色则比较自由。图3-10所示为某笔记本电脑品牌的店铺首页视觉设计，以黑、白中性色为主色调，配色简洁经典，既符合消费者对于数码商品的色彩联想，又体现了强烈的品牌辨识度和"经典"的品牌内涵。

图3-10　笔记本电脑店铺的色彩搭配

稳定的色彩搭配固然可以让品牌持续长久地影响消费者，然而"变化"也能成为品牌视觉的一种独特风格。独立服装设计品牌"裂帛"以"向内行走，释放天性"为设计理念，品牌风格自由、不受拘束，品牌色彩的运用十分大胆、新奇。图

3-11所示的裂帛服装海报，以中性色为主基调，冷暖色彼此融合碰撞，视觉效果醒目但不夸张，极具个性，且与品牌理念无比契合，第一时间就给消费者留下深刻的印象。

图3-11　裂帛服装主色调的选择

3. 主色调的搭配

品牌视觉设计的用色并非是一成不变的，商家在确定了品牌主色调后，即可围绕主色调对品牌海报、店铺装修等进行视觉设计，通过亮眼的色彩搭配，吸引更多消费者的注意力。

一般的色彩搭配主要基于色相环中的颜色进行，根据颜色位置与彼此之间的关系来进行相互调和，可以分为相邻色搭配、间隔色搭配、对比色（互补色）搭配3种，下面分别进行介绍。

（1）相邻色搭配

相邻色是指色相环上比较接近的几种颜色。如红色和橙色、橙色和黄色、黄色和绿色、绿色和蓝色等，如图3-12所示。

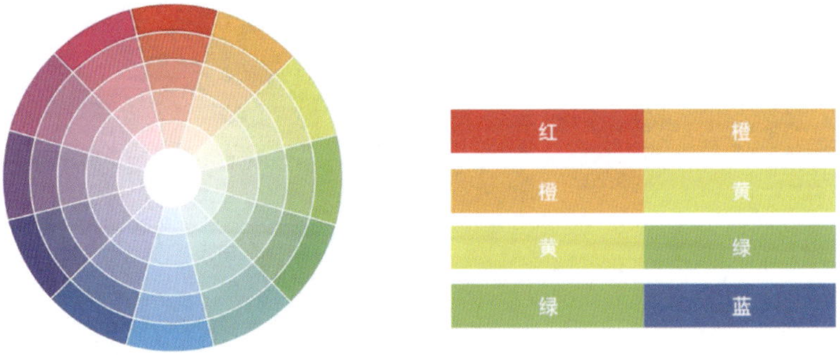

图3-12　相邻色搭配

相邻色之间的关联性较强，对比度较低，色彩之间的冲击力相对较弱，搭配在一起十分柔和协调，会使画面显得更加和谐统一。相邻色搭配的应用比较常见，图3-13所示为以橙色为主的相邻色搭配，用橙、黄的深浅变化设计整个画面，以白色作为点缀，整个画面的颜色十分融洽，给人以温和且平衡的感觉。

图3-13　以橙色为主的相邻色搭配的效果

（2）间隔色搭配

间隔色搭配是指色相环上相隔的色与色之间的搭配，如红色与黄色、黄色和蓝色、绿色和紫色等，如图3-14所示。

间隔色与相邻色相比，颜色对比更强烈，视觉冲击力也更强。间隔色的搭配比较明快活泼，可使画面更显灵动，使用非常广泛。图3-15所示的页面，主要使用蓝色作为背景色，再使用橙色、红色进行搭配，使画面十分鲜活，很容易吸引消费者的注意力。

图3-14　间隔色

图3-15　间隔色搭配效果

知识补充

间隔色的颜色搭配

间隔色的颜色搭配要注意合理控制颜色的比例，通常是一种颜色作为主色，其他颜色作为辅色，以在视觉上产生层次感；也可以通过调整颜色的饱和度产生明暗对比，营造画面氛围。

（3）互补色搭配

互补色又叫对比色，是色相环中相隔180°的两个颜色。互补色之间有非常强烈的对比，高饱和度的对比色搭配可以创建十分震撼的视觉效果，如红色和青色、橙色和蓝色、黄色和紫色等，如图3-16所示。

对比色的搭配可以表现出一种力量、气势，极具现代感、时尚感，具有强烈的视觉冲击效果。如图3-17所示，黄色和紫色的搭配使用让画面整体明快醒目、富有变化、张弛有度，既有活力，又有个性。

图3-16　间隔色

图3-17　对比色搭配效果

由于对比色之间具有较强的冲击感，为了避免破坏画面的整体和谐，需要注意画面的颜色比例、明度和饱和度的高低、调和色等方面的搭配。

- **画面的颜色比例**：由于对比色之间具有很高的对比度，所以要确定一色为主色调，其他色为辅助色，以保证画面整体的色彩平衡。图3-18所示的中秋活动页面，画面色彩搭配是黄紫对比色搭配，以紫色为主色，以黄色为辅色，颜色主次分明，画面效果不会太过突兀。

- **明度和饱和度的高低**：对比色的搭配通常具有较强的冲突感和碰撞感，降低或提高对比配色中一种颜色的明度和饱和度，可以产生不同的对比效果，如提高一种颜色的饱和度，色彩碰撞感更强烈；降低一种颜色的饱和度，则画面更柔和。图3-19所示为调整对比色饱和度后的效果。

- **加入调和色**：在使用对比色搭配时，还可在画面中适当加入一些调和色，以减少互补色之间的对抗性，如白色、灰色和其他低饱和度的颜色常作为调和色出现在画面中。图3-18中的云朵颜色为调和色。

图3-18　紫黄色对比　　　　　图3-19　调整对比色饱和度后的效果

知识补充

广义的对比色搭配

电商视觉营销设计中对比色的应用，也可以宽泛地理解为可以明显区分的两种颜色，如任何色彩与黑、白、灰，深色和浅色，冷色和暖色，亮色和暗色等都可以看作对比色。

　　在品牌视觉设计中，颜色的选择搭配并没有固定的模板，往往根据推广要求、品牌定位、商品特性等因素而定。比如，"百雀羚"在日常推广中，主要使用绿色与同色系，或绿色与相邻色作为主要的颜色搭配，但在开展营销活动时，会根据推广要求对视觉色彩进行重新定位，如图3-20所示，"双12"活动期间"百雀羚"就使用了红绿色的对比色搭配对活动氛围进行了渲染，具有很强的视觉冲击力。

　　确定品牌主色调并不代表限制品牌的用色范围，而是用主色调建立消费者对品牌的直接印象。确定品牌主色调后，可将其延伸到品牌视觉的所有领域，甚至建立起品牌的色彩体系，进而形成品牌的独特视觉风格。

图3-20　根据推广需求搭配颜色

3.2.3　主体布局

线下店铺要想突出和强化品牌视觉，其设计重点多为门店装修、商品陈列等。对于线上店铺（网店）而言，店铺装修也是传递品牌视觉的主要途径，消费者进入店铺后，一般都通过店铺整体的视觉表现来建立对品牌的印象，因此店铺页面布局也是影响品牌视觉的重要元素。从营销的角度看，店铺页面的合理布局有利于规划重点，区分信息表现的先后顺序，帮助消费者快速建立起与页面的视觉联系，使消费者能够在第一时间找到页面的重点信息。常见的页面布局样式如下。

1. 平衡式布局

平衡式布局是一种十分基本的页面布局形式，一般来说，店铺的页面设计都应该具备平衡感。从视觉感受上来说，平衡的页面布局十分符合人们的视觉习惯，可以带给人平稳、舒适的视觉体验。图3-21所示的页面，就采用了对称平衡式布局，整个页面设计十分具有稳定性，各元素的设计和应用都保持了统一的重心，可以满足消费者的视觉需求，使消费者对店铺页面设计的第一印象就充满了安定感和舒适感。

图3-21　整个页面的对称平衡式布局

　　页面整体的平衡布局建立在单张图片的排列平衡或单张图片的构图平衡上。为了保证整个页面的布局平衡，首先可对构成页面的单张图片进行平衡构图，比较常见的有左图右文、左文右图、上文下图等构图方式。图3-22所示的左图右文和左文右图的布局形式，视觉重点十分清晰明确，通常无须添加太多内容，就能使整个页面呈现平衡的视觉效果。

图3-22　单张图片的左右平衡式布局

　　上文下图或上图下文的布局方式与左图右文、左文右图布局相比，视觉重点更加集中，主要信息一般都位于图片正中区域，消费者往往第一眼就能获取所需内容，如图3-23所示。

知识补充

平衡和对称

　　平衡主要体现力的重心，对称在视觉上有均匀、协调、整齐、典雅的美感。将对称和平衡结合使用，可以打破绝对对称的单调，形成不对称的平衡关系，使画面更具变化性。

图3-23　单张图片的上下平衡式布局

2. 规律式布局

　　规律式布局是指按照一定的规律对各种布局元素进行排列组合，并整合成统一的、连贯的、舒适的整体页面。规律式布局与平衡式布局相比，更富有变化性，点、线、面、体一般会呈现规律性变化，结构形式上有一定的疏密、大小、曲直的区分。规律式布局可以赋予页面协调性，带给消费者一种舒适、整齐的视觉体验。在规律式布局中，商家进行商品排布时需要注意节奏感，应疏密有序，不能太过紧密，图3-24所示的店铺首页，全屏海报、优惠券版块、商品展示区均采用了错落有致的排列方式，页面整体既富有活力，又和谐统一。

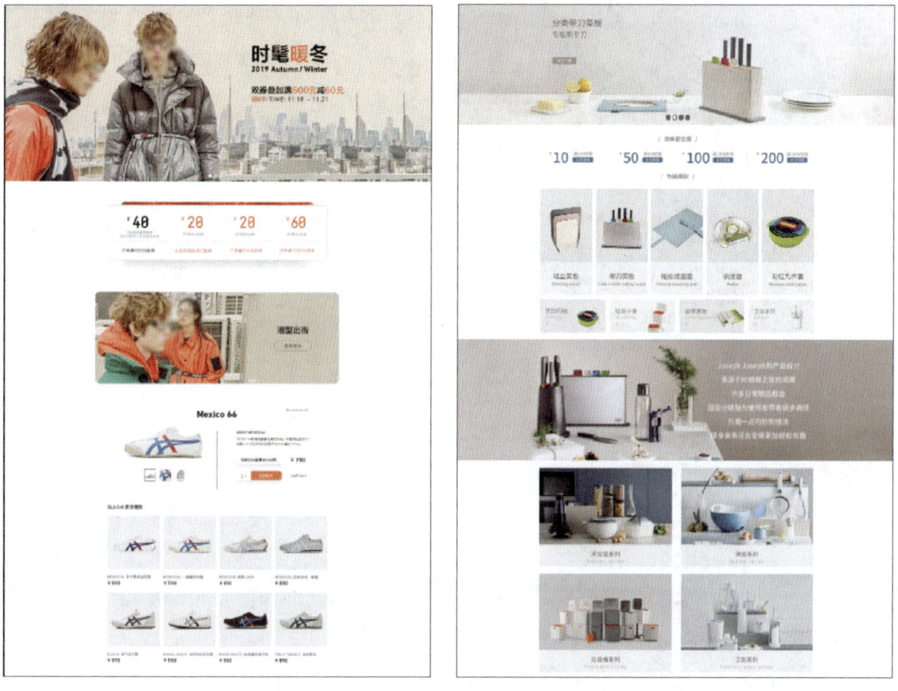

图3-24　规律式布局

3．流程式布局

流程式布局是指以流程图的方式展示页面信息和商品，可以有序地引导消费者的视线，让枯燥的信息展示变得个性十足，消费者浏览起来也简单明了，充满了趣味性。图3-25所示的页面布局形式，就是将主要商品通过一个完整的流程线串联起来进行展示的。

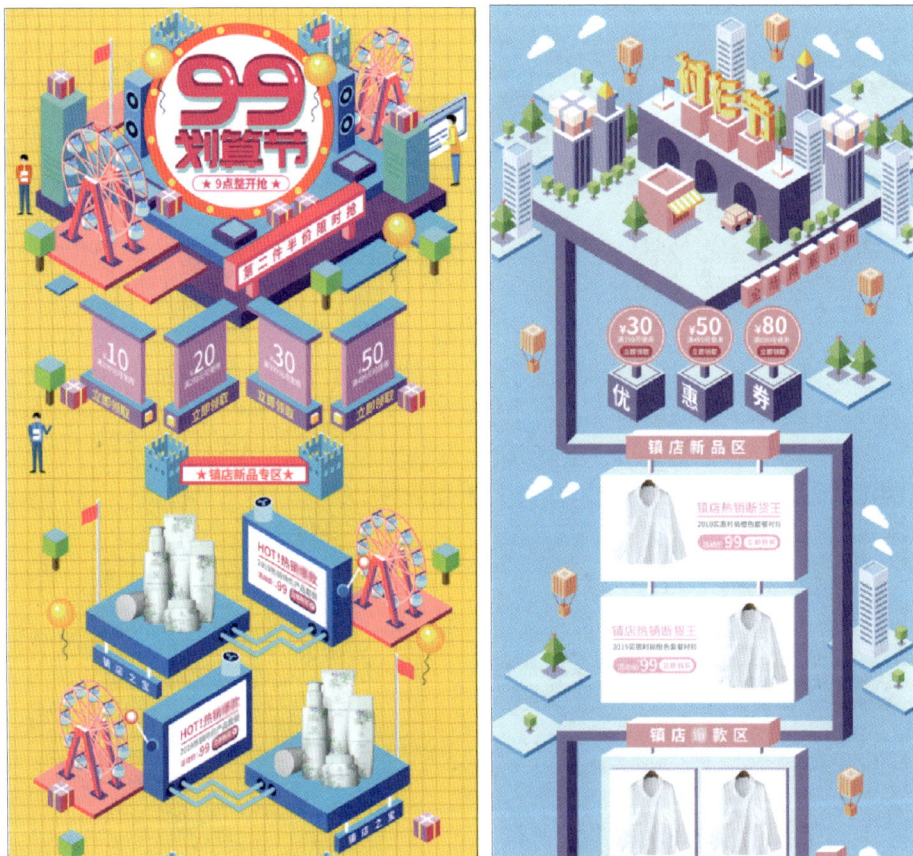

图3-25　流程式布局

4．轮廓式布局

轮廓式布局是指将页面设计成一个完整的轮廓，如选择红包、动物、形状等轮廓，构建一个边界或外形线，形成一个大的轮廓，然后将视觉内容巧妙地填充进去。这种处理方式能够让消费者一眼就注意到轮廓内的主要信息，同时可以让页面更有设计感。图3-26所示为按照不规则、笔记本轮廓设计的页面布局，所有信息都在轮廓区域内进行展示。需要注意的是，轮廓形状应尽量简化，不用添加太多烦琐的、次要的元素，主要对信息加以强调，以免影响消费者识别信息。

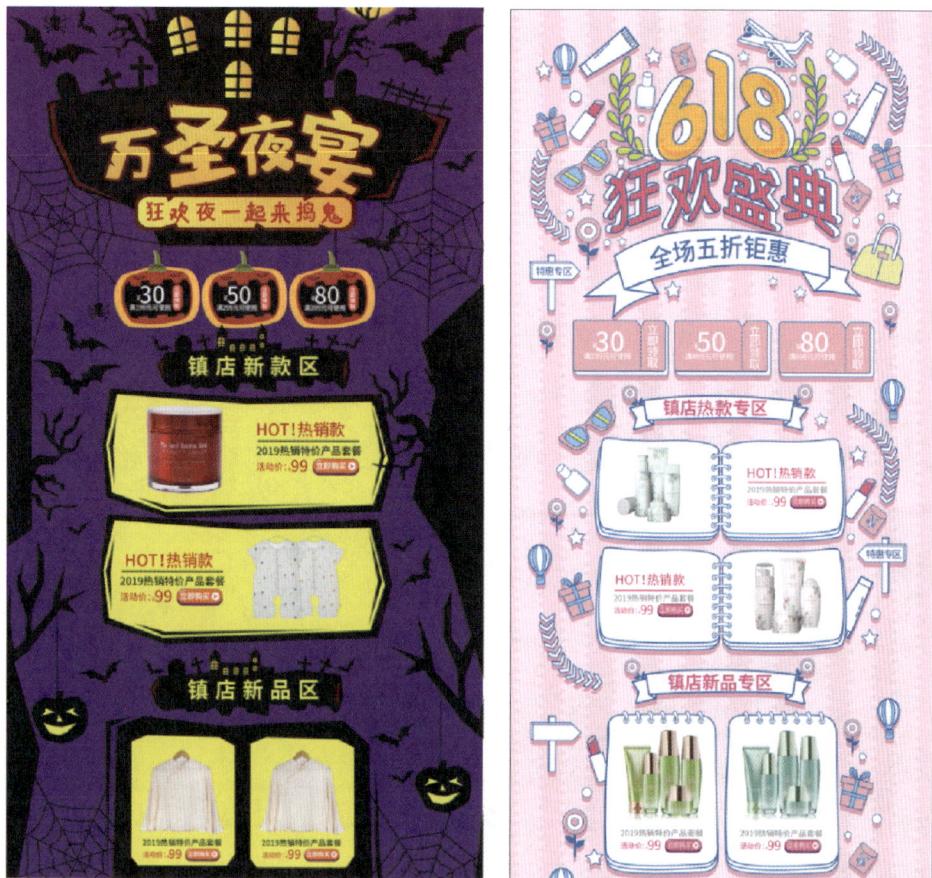

图3-26 轮廓式布局

5. 切割式布局

切割式布局是指按照一定的方式将页面切割为不同的部分，如切割为三角形、正方形、长方形、圆形或其他不规则图形，合理的切割式布局可以让页面整体更具几何设计感与节奏感。

网店页面的切割式布局主要突出形状和区块，不宜过分复杂，切割形式一般包括简单切割、对称切割、组合切割3种。

（1）简单切割

简单切割即用一个简单的形状或素材切分页面，不仅可以让画面变得生动，还可以有效划分页面的内容区域。简单切割的具体切割区域一般按照排版内容来处理，图3-27所示为长方形切割样式，通过颜色对切割区域进行划分，同时也对内容区分显示，十分便于消费者浏览。除了长方形切割样式，根据实际的设计要求，也可将页面切割为圆形、三角形、菱形等，从而提高页面的生动性。

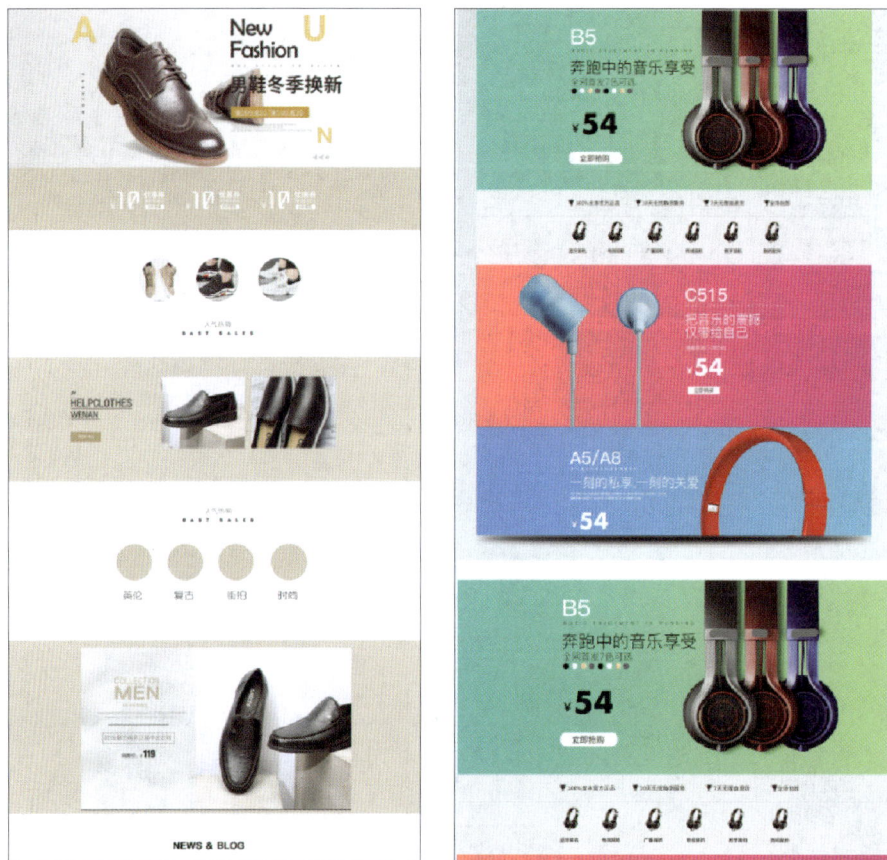

图3-27　长方形式切割

（2）对称切割

对称切割即按照一定的对称关系对页面进行切割划分，比较适合内容划分相对明显的页面，如商品主要分为两种类型进行展示，或者商品之间存在类似于对抗、男女、冷热等比较特别的对立关系。对称切割式布局不仅使内容划分十分明确，也更加具有视觉冲击力。图3-28所示为对称切割样式。

对称式切割主要通过不同色块切割页面，不仅将视觉信息以对称的方式进行了明确的划分和传递，同时提高了页面整体的平衡性，提高了页面的画面表现力和视觉冲击力，更容易给消费者留下鲜明的视觉印象。

知识补充

对称式切割

对称式切割与对称式构图有一定的相似之处，一般来说，对称式切割有更加明确的内容划分，存在较明显的对比关系。

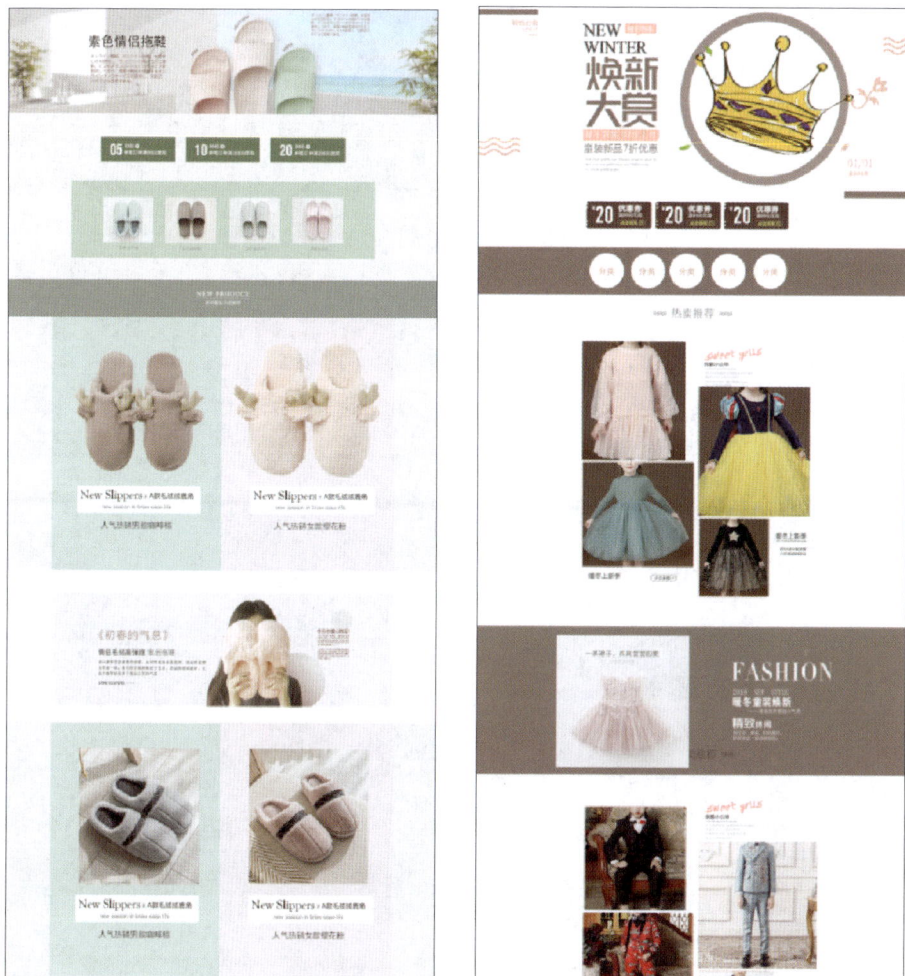

图3-28　对称式切割

（3）组合切割

组合切割一般采用集中而规律的排列方式，通过多个形状的组合对页面进行切割划分。组合切割式布局适合每个区块中的内容属于平级关系的情况，在图3-29所示的页面中，每个分类都属于同一级的内容，信息所占的比例也相同，这种组合排列能够保持各部分内容的关系，也能让布局更有创意。

知识补充

切割式布局的实际应用

以上几种切割方式在网店页面设计中，通常不是单独出现的，设计人员可根据自己对页面的理解和要求对各种方式进行组合。

图3-29　组合式切割

6. 留白式布局

留白的"白"类似于空白的"白"。电商视觉营销设计中的留白是指为了使整个页面更加简洁大气、协调精美而有意留下一定的空白。设计中的留白区域不局限于白色，一般来说，某一区域无额外元素、无装饰、处于空白的状态等，皆可称作留白。图3-30所示的海报设计即采用了留白的布局形式，文字和商品位于主要的视觉点，整个页面并无其他装饰元素，页面整体显得既简洁大气，又韵味悠长。

在电商视觉设计中使用留白的布局方式，可以将页面的视觉中心集中在某一个点上，更好地突出商品和文字信息。同时，简洁、干净的留白区域也会给消费者带来良好的视觉体验，方便消费者直接筛选和获取页面信息。图3-31所示的页面采取的就是留白处理方式，恰到好处的留白让整个页面显得十分简约，提高了品牌格调，并且达到了突出商品和文字信息的目的。

图3-30　留白式布局

图3-31　整个页面的留白式布局

3.3 建立品牌视觉识别系统

微课视频

建立品牌视觉
识别系统

建立品牌视觉识别系统，即品牌运用系统的、统一的视觉符号，包括品牌标识、品牌色调、品牌字体、品牌框架版式、品牌标志、商品展示风格和商品摄影风格等，建立有辨识度的品牌视觉识别体系。建立品牌视觉识别体系有利于与其他品牌区别开，便于培养消费者的好感度和忠诚度。

3.3.1 品牌标识

品牌标识即品牌的视觉符号，独具风格和特色的品牌视觉符号可以让消费者快速识别，引起消费者的共鸣，如天猫的视觉符号是一只猫，京东的视觉符号是一只狗，消费者看到类似猫、狗的视觉符号很容易就能想起这两大电商平台。

品牌视觉符号以品牌Logo为主，但并不完全等同于品牌Logo。具有辨识度的商品外形设计、商品名称等都可作为品牌视觉符号。比如，除了蓝白相间的圆形标志，"双肾型进气格栅""L型尾灯"等都是宝马汽车品牌的视觉符号，如图3-32所示。

图3-32 宝马外观设计中的视觉符号

雅诗兰黛"小棕瓶"、欧莱雅"小黑瓶"、OLAY"小白瓶"等以颜色命名的外观设计也是一种特别的品牌视觉符号，如图3-33所示。

图3-33 以颜色命名的品牌视觉符号

　　蕉内是一个倡导无感标签的内衣品牌，其品牌符号提炼自品牌名称中的"内"字，将"内"字抽象化设计成了"猿猴"的造型，如图3-34所示。蕉内的品牌视觉符号源自"内"，又与"蕉"产生呼应，形成蕉内品牌独有的品牌形象，并在"蕉内"店铺、商品、物流等多个地方不断重复出现，最终形成鲜明的品牌印记，进一步强化了品牌价值观和品牌传播的核心要素，有利于消费者记忆和识别品牌。

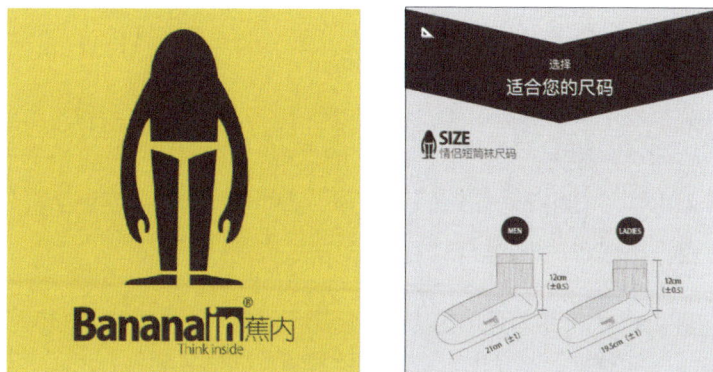

图3-34　蕉内的品牌视觉符号

　　品牌视觉符号的设计和打造可以从多方面入手，除了前面介绍的依靠商品外形设计、根据名称衍化设计，还可以选择一个特殊形象作为品牌的视觉符号。比如，以卡通形象作为品牌视觉符号的三只松鼠、周黑鸭、刺猬阿甘等，如图3-35所示。这类视觉符号具有比较鲜明的特点，卡通形象活泼可爱，富有人性色彩，具有独特的识别性和亲和力，可以让消费者对品牌产生美好的联想和印象，形成特定的视觉记忆，最终降低消费者的购物选择时间，对消费者的购物心理和行为产生影响和刺激。

图3-35　卡通形象的品牌视觉符号

品牌视觉符号的应用范围十分广泛，很多品牌的视觉符号主要体现在商品上，比起Logo更容易被识别，可以快速吸引消费者的注意力，唤起消费者对品牌的记忆，也更容易传递独有的、区别于竞争者的品牌印象。从营销的角度看，品牌视觉符号是最简单直接的传播方式，能帮助消费者简化对品牌的认识，用低成本的方式提高品牌的影响力，因此电商品牌应该打造出自己专属的品牌符号。

3.3.2 品牌色调

要想做好品牌的视觉调性，规范品牌用色十分重要。为了获得具有辨识度的、统一的品牌整体色彩效果，品牌的色调使用通常需要一个统一的标准，要根据设计需求、主题诉求等对色彩进行搭配组合，选择能够体现品牌主题的一种色彩作为主色，然后选择与主色相匹配或互补的其他颜色作为辅助色，保证品牌色彩的协调和美观。

比如，百事饮品，在品牌店铺颜色的运用上就进行了很好的规范。图3-36所示的百事饮品店铺首页，以蓝色为主，白色为辅，红色、黑色为点缀，对品牌的色彩调性进行了很好的表现和呼应，给消费者建立起十分清晰的品牌印象。这种个性鲜明的品牌色彩体系十分具有代表性，可以令消费者对品牌有一个清晰的认知，从而达到提高品牌影响力和营销效果的目的。

图3-36　百事饮品的品牌色调

在品牌色彩的运用中，需要注意颜色的选择和搭配比例。在颜色种类选择上，一般以不超过3种为佳，否则会使画面显得混乱，模糊消费者的视觉重点。颜色种类少，画面更加简洁，画面控制相对容易，视觉效果也更加平和舒适。图3-37所示的两张海报，为同一商品的两种设计风格。这两张海报的颜色选择均以商品外观设计的用色为依据，即以红、绿、白3色为主要用色。以白色为主时，绿色和红色为辅；以绿色为主时，白色和红色为辅。除了红、绿、白3色，还使用了少量的黑色作为点缀，丰富了画面的层次感。

图3-37　商品海报的色彩选择

当多种色彩组合后出现在一个画面中时，各色的比例控制在70∶25∶5的范围内可以产生较好的视觉效果：70%为主色，25%为辅助色，5%为点缀色。其中，主色指大面积使用的颜色，一般为品牌代表色，被广泛应用到品牌名称、商标、店铺页面、商品形象、商品包装等多个方面；辅助色起辅助作用，占画面颜色使用的次要地位，可以有一种或多种，用以加强色调层次感，丰富色彩效果。辅助色的灵活运用可以活跃氛围，吸引消费者的注意力，但在设计时要注意其所占的比例和使用位置，切忌喧宾夺主。点缀色又叫强调色，在店铺视觉的色彩体系中主要起到强化视觉、引导阅读或点缀的作用，当画面整体用色比较单调时，加入点缀色，可以提高画面的活力和表现力，并达到强调重点的目的。图3-38所示为美年达不同口味的饮品的海报设计，主色的选择主要依据商品口味，主色占据了画面的绝大部分；辅助色使用了品牌色彩体系中固有的绿色和白色，主要起到辅助主色、增加画面色彩层次的作用。整个画面用色既简单，又与品牌有紧密的联系，十分便于消费者识别和记忆。

　　当然，色彩搭配比例并非是一成不变的，具体应用可针对商品和品牌的定位做出调整。

图3-38　商品海报主辅色使用效果

3.3.3　品牌字体

　　在电商视觉营销设计中，文字十分常见，在品牌Logo、店铺装修、商品图片美化、商品包装、物流等方面，处处可见文字的应用。品牌文字的字体与品牌标识、品牌色调一样，具有较强的认知性，从品牌视觉营销的角度看，使用统一的字体可以增强品牌的视觉表现力，强化品牌辨识度，达到传播品牌、提高品牌影响力的目的。

1. 字体的选择

　　与色调一样，字体也具有一定的情感色彩，不同结构和不同特征的字体具有不同的感染力，能够传达出不同的情绪。比如，棱角分明的字体使人感觉正式、严谨，柔美圆润的字体使人感觉优雅、亲和，图3-39所示为相同文字不同字体的不同表现。

图3-39　相同文字不同字体的不同表现

　　字体是品牌视觉识别系统的重要组成部分，品牌需要寻找能够准确表达自身情感的字体，凸显品牌特征，从而吸引消费者的注意力，传播品牌。品牌字体的选择依据品牌自身定位、商品特性等因素而进行。比如，需要突出品牌的理性、严谨、经典等情感时，往往会选择字形挺拔、棱角分明的字体，设计出方正整齐、气势凛然、节奏分明的字体效果；需要突出品牌的个性、激情、活跃等情感时，往往会选择造型独特、效果突出的字体，设计出视觉冲击力强、个性张扬有力的字体效果，给人带来视觉上的震撼。图3-40所示为"东京宅"品牌的字体设计，该品牌主营日本动漫、游戏等文化产品，其字体设计和应用也以卡通字体为主，风格非常萌趣可爱，与品牌文化十分契合。

图3-40　"东京宅"品牌字体设计

　　图3-41所示为"胡姬花"品牌的字体设计。胡姬花花生油以古法压榨为卖

点，其字体选择了传统书法字体，也具有较强的韵味，比较符合品牌特色，体现了自己古老、传统、传承的品牌理念。

图3-41　胡姬花花生油的字体设计

除了选择常规的字体，部分具有显著个性或特色的商品和品牌也会选择一些艺术字体。比如，中国风类、文化用品类，或者历史比较悠久的品牌，为了凸显古朴、经典、怀旧等品牌特点，会选择苍劲有力的毛笔字体，给消费者以信赖感。

知识补充

根据商品特性选择字体

视觉设计中的字体选择在部分场合会表现出明显的性别特征，如偏男性化的商品，其字体多方正、粗犷；偏女性化的商品，其字体多温和、柔美。

2. 字体的搭配

品牌在建立自己独特的视觉识别系统时，需选择符合自身特点的字体。而在同一个商品和品牌的视觉设计中，一般会同时选用多种字体进行搭配，才能使文字设计呈现良好的视觉效果。根据字体的外形设计和情感传达特点，可以简单地将电商视觉营销设计的常用字体概括为5种类型，包括宋体类、黑体类、书法体类、艺术体类和圆体类。

- **宋体类**。宋体字形一般比较方正、纤细，笔画横平竖直，有明显的笔锋，其种类十分丰富，如华文系列宋体、方正雅宋系列宋体、汉仪系列宋体等。宋体笔画分明，很容易识别，给人的感觉非常端正秀丽，在电商领域中十分常见，图3-42所示的品牌设计页面即以宋体为主要字体。

- **黑体类**。黑体字又称方体或等线体，没有衬线装饰，笔迹粗细几乎一致，如微软雅黑、方正黑体系列、汉仪黑体系列等。黑体类字体在电商视觉营销设计中经常使用，笔画粗大的黑体类字体常用作主文案的字体，笔画纤细的黑体类字体常用作描述性文案的字体，如图3-43所示。

图3-42　宋体类字体应用

图3-43　黑体类字体应用

- **书法体类**。书法体指具有书法风格的字体，如隶书、行书、草书、篆书、楷书等，此外，还有一些硬笔书法字体、毛笔字体等。书法体比较传统正式，具有较强的文化底蕴，图3-44所示为使用书法体的效果。
- **艺术体类**。艺术体是指一些非常规的特殊印刷用字体，如一些漫游体、童刻体、墨渍体、美术体等，其笔画和结构一般都进行了艺术修饰，可提高页面的视觉效果，图3-45所示为使用艺术体的效果。

图3-44　书法类字体应用

图3-45　艺术体类字体应用

- **圆体类**。圆体类字体一般是从黑体类字体上衍化而来，结构上与黑体类字体类似，横平竖直、工整大方，但笔画更加圆润，给人十分亲和的印象，如细圆体、幼圆体、少女体等，图3-46所示为圆体类字体的效果。

了解了字体的应用场合，还需结合字体特点和品牌特点，对字体进行搭配使用。一般来说，电商视觉设计中的文字主要分为两种：一种是主文案文字；另一种是描述性文案文字。对于主文案文字而言，字体选择范围较广，以抓人眼球为主要目的。描述性文案字体的选择范围相对较小，以易于辨认和阅读为基本原则。常见的字体组合有宋体+黑体、黑体+黑体、黑体+圆体、艺术体+圆体、艺术体+宋体等，图3-47所示的店铺首页字体设计分别为宋体类+黑体类和艺术体类+黑体类。

图3-46　圆体类字体应用

图3-47　字体的搭配应用

3．字体的对比

为了提高品牌字体设计的整体效果和实用性，除了要选择适合的字体搭配，还需要对字体的粗细、大小、疏密等进行设计。字体的粗细可以体现信息的层级，如标题、副标题、描述性内容在视觉信息的传达上有主次之分，标题等重要信息可以加粗显示，让消费者能够快速将视线锁定到重要信息上；次要信息则可以正常显示，其主要是对标题信息进行补充解释。字体大小的设计同理，标题字体通常大于副标题字体、大于描述性内容的字体，图3-48所示为宋体类字体粗细、大小的对比效果。

图3-48　宋体类字体粗细、大小的对比效果

电商视觉设计中的文字一般以区块的形式呈现，注意把握区块文字之间的间距，做到疏密有致、层次分明，进一步提高电商字体视觉设计的美感度，帮助消费者顺利接收页面信息。

知识补充

黑体类字体的应用

黑体类字体简单工整，便于阅读，可以体现前卫感和现代感，在电商视觉营销设计中的应用非常广泛，大多数品牌均会选择黑体类字体作为商品描述性文案的字体。

3.3.4　品牌框架版式

品牌框架版式在电商视觉营销中主要体现在店铺框架版式的设计上。店铺框架版式是传达品牌视觉的重要元素之一，消费者在与品牌店铺交互的过程中，可以通过店铺的框架版式形成对品牌视觉的印象，直观地感受到品牌的价值。品牌在进行店铺版面的规划时，最好先规划某种相对固定的风格，然后对品牌店铺的版式进行统一编排，从而体现品牌的特色，增加消费者对品牌的记忆点。

图3-49所示的服装、女鞋品牌，采用了简洁的扁平化设计风格，具有浓烈的时尚感和现代感，同时又通过恰当的留白体现了品牌的格调和韵味，很容易令消费者形成特别的视觉印记。从视觉体验上来说，这种排版风格十分规范，文案设

计、版式间距都十分统一，避免了图片和信息杂乱堆积带来的信息过载，提高了消费者获取信息的效率，十分利于消费者的浏览，可以给消费者带来轻松愉快的阅读体验。

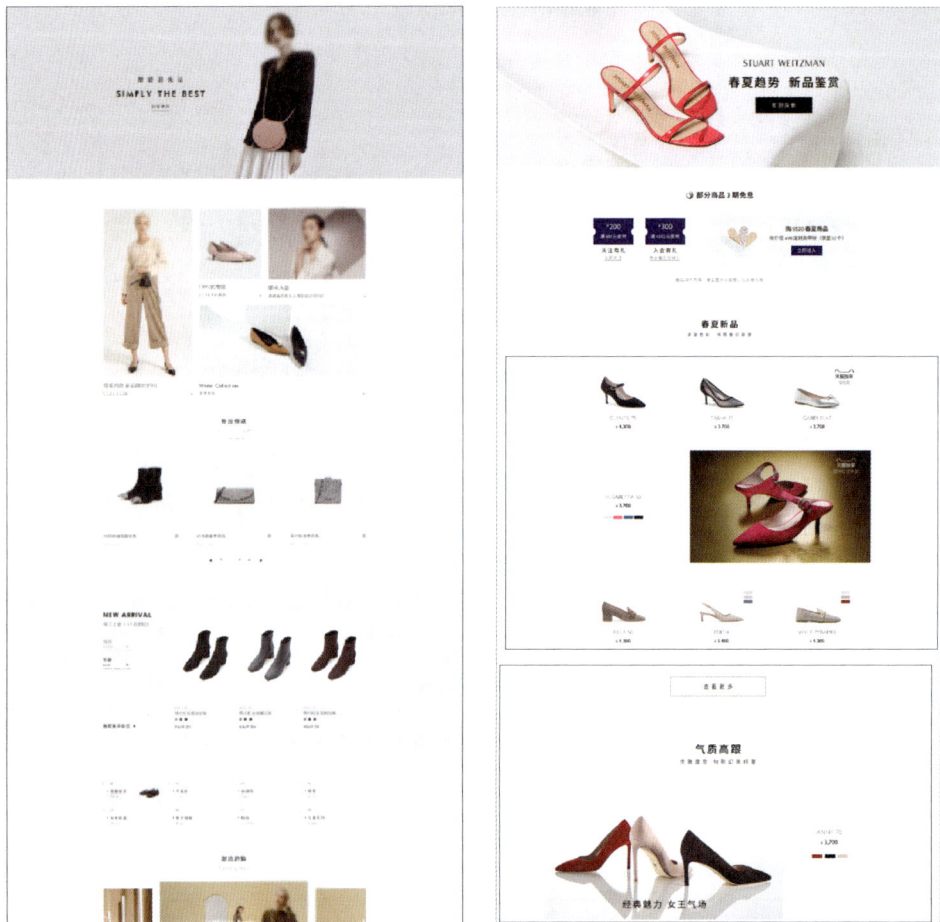

图3-49　服装、女鞋品牌的框架版式设计

不同类型的品牌，其店铺框架版式应该有各自适合的调性，一般依据品牌的特点和定位而定。例如，"花西子"的店铺版式设计，十分符合其国风美妆品牌的定位；"花笙记"是极具个性的中国风服装品牌，其版式设计新颖、大胆，十分具有个性。图3-50所示为"花西子"和"花笙记"的店铺版式设计，都有其非常明显的品牌特点。

品牌店铺的框架版式设计并不仅限于店铺页面风格，全店的商品图、海报图等，都可采用统一的表现形式，这种规范性和统一性的设计可以加深消费者对品牌的记忆，达到传播品牌的目的。

图3-50　"花西子"和"花笙记"的版式风格

3.3.5　品牌标志

品牌标志是传播品牌的重要元素，也是消费者对品牌的重要记忆点之一。在建立品牌视觉识别系统时，应该对品牌标志的使用进行规范，如品牌标志的排列、品牌标志的组合、品牌标志的展示和应用，都应该有一个相对统一的标准。图3-51所示为"花笙记"对品牌标志的应用，其品牌标志出现的位置、样式等都十分统一。

在电商视觉营销设计中，应避免对品牌标志的形态、样式等进行频繁修改，消费者重新接受和认识品牌标志会对品牌造成很大的影响，也不利于培养稳定的品牌记忆。

除了品牌标志，部分品牌还会在店铺视觉设计中使用统一的标签，如图3-52所示。标签是一种辅助的品牌视觉符号，可以让品牌视觉的整体呈现更加标准化和系统化，其应用标准与品牌标志一样，品牌在使用时需对其进行规范，包括对其形状、大小、颜色、字体、间距等进行规范。

图3-51 "花笙记"对品牌标志的统一应用

图3-52 "花笙记"对标签的统一应用

知识补充

品牌标志和标签的应用标准

　　品牌标志和标签的应用并非一成不变，根据使用场合和设计要求可以作相应的调整，但最好保持其核心特点不变，或者制定少许几套使用标准交替使用。

3.3.6　商品展示风格

商品展示风格是指在品牌海报、促销活动海报、商品详情页等视觉设计中展示出来的商品风格。在建立品牌视觉识别系统时，规范商品展示风格有利于引起消费者对品牌的重复记忆和联想。图3-53所示为"三只松鼠"不同商品的商品详情页和首页商品分类推荐的展示风格，其共同特点是主体商品十分突出，画面简洁，排版也比较统一。

图3-53　"三只松鼠"商品展示风格

图3-54所示为"三只松鼠"聚划算活动海报和首页海报的展示风格，色彩饱合度高、萌趣可爱，具有很明显的品牌调性，十分容易刺激消费者对品牌的联想。

图3-54　"三只松鼠"活动海报和首页海报的展示风格

3.3.7　商品摄影风格

商品摄影风格是指商品拍摄、模特拍摄的主要风格。商品视觉是电商视觉打造的主要对象，大部分品牌都依靠商品视觉吸引消费者的注意力，商品拍摄图的质量直接影响着品牌视觉营销的效果和价值。具有特色和代表性的商品拍摄风格不仅可以给消费者带来耳目一新的视觉感受，快速吸引消费者的注意力，引起他们的关注，还能提高店铺设计的整体美感度，打造鲜明的品牌印象。

图3-55所示为"蕉内"的品牌摄影风格。"蕉内"是一个风格十分鲜明的内衣品牌，具有极高的品牌识别度，其商品拍摄都采用了统一的模式，特别是同类型商品，商品的摆放布局、模特的造型设计等都有一定的规范，细节处充分体现了品牌"科技""无感"的特性，与同类商品相比，具有明显的差异性，表现出了独具一格的品牌特性。

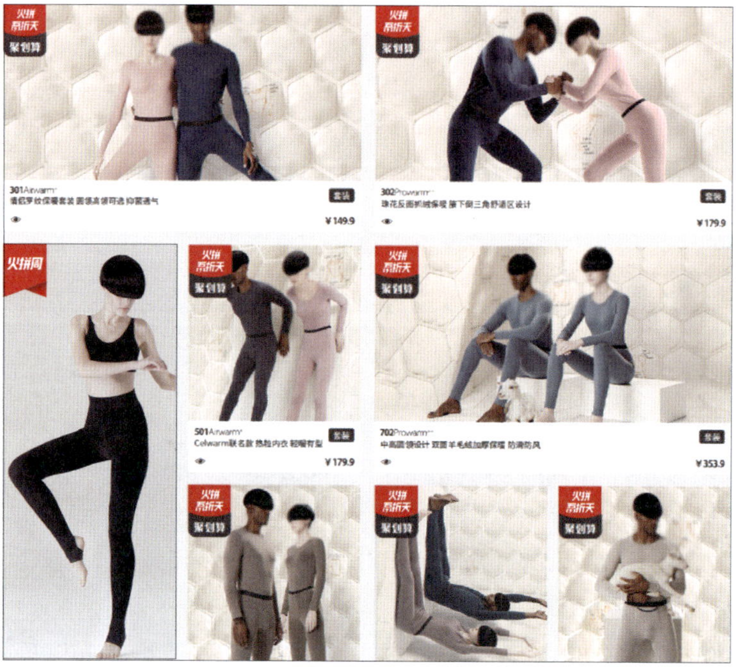

图3-55 "蕉内"的品牌摄影风格

图3-56所示为"花笙记"的品牌摄影风格。"花笙记"是一个将传统与流行融洽结合的服装品牌，其摄影风格与品牌形象一样，既富有时尚感，又极具传统韵味。"花笙记"的模特形象与品牌形象也十分贴合，其妆容、造型、姿势等都带着中国传统元素的印记，传达出鲜明的品牌印象。

图3-56 "花笙记"的品牌摄影风格

知识补充

品牌视觉识别系统核心要素选择

品牌在打造自己的视觉识别系统时，并不是一定要兼顾所有元素，可以选取最具代表性、最具感染力的元素进行重点打造，如只选择品牌标识、品牌字体、品牌色调等，将其作为传达品牌视觉信息的核心要素，在视觉设计中不断运用和加强，让消费者形成清晰的品牌印象即可。

课堂实训——分析美妆品牌的视觉表现

实训目标

本实训要求分析图3-57所示的两个美妆品牌在其店铺首页的视觉设计中呈现出的品牌特点。

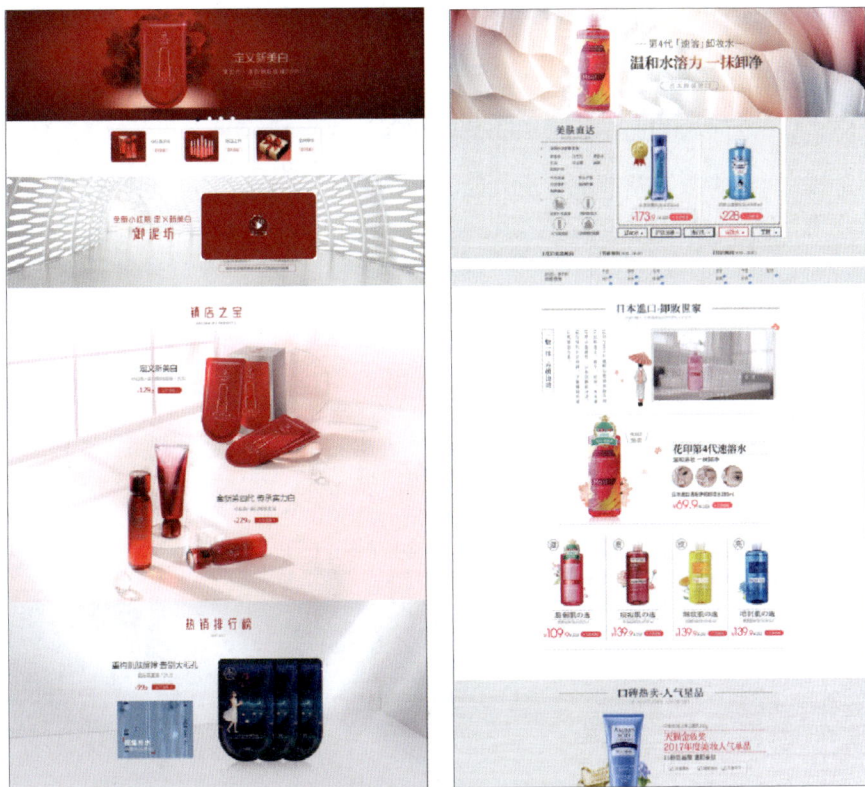

图3-57　美妆品牌店铺首页的视觉表现

实训思路

根据实训目标，分别从色调、字体、框架版式等方面分析两个美妆品牌店铺首页的视觉特点。

首先，分析两个美妆品牌首页的色调设计。前者的色彩选择与品牌主色调一致，同时与主推商品的颜色定位也保持了较好的统一。后者无明显色调设计，但使用了浅色花朵作为设计主元素，与品牌名称十分贴合。

其次，分析两个美妆品牌首页的框架版式设计。前者的版式设计干净简单，主体信息十分突出，商品情况一目了然。后者的版式设计稍显多变，通过不同颜色对商品展示进行了简单切割和分区，增加了画面的层次感。

最后，分析两个美妆品牌首页的字体设计。前者使用了较为典型的黑体类字体搭配组合，辅以与品牌名称相同的字体进行提示和点缀，显得既有品牌特色，又具现代感。后者主要采用了宋体类和黑体类字体搭配组合，且以宋体类字体作为主文案字体，体现了品牌的历史和底蕴，与品牌形象十分契合。

📈 课后练习

练习1 分析饰品品牌的视觉元素

假设一个饰品类品牌想要打造自己的品牌视觉识别系统，设想其可以从哪些方面着手建立自己独特的品牌视觉体系。

练习2 分析零食品牌的视觉元素

以"卫龙"零食品牌为例，分析其品牌视觉设计上有哪些特点，哪些视觉设计可以让消费者对该品牌产生明显的品牌印象。

第4章 商品主图视觉营销

一名电商运营人员在查看店铺日常运营数据时，发现了一个问题，店内两件定位相似、展现量也差不多的新品，其中一件的点击量是另一件的两倍。过了几日，点击量少的那件商品竟然连展现量都出现了断崖式的下滑，很大程度上失去了平台带来的流量。

是什么影响了商品的点击量？分析店铺数据会发现，问题一般都是出现在商品主图上。

当我们进入电商购物平台搜索商品时，影响我们点击行为的往往都是商品主图。商品主图是电商平台搜索结果页面中显示的商品图片，除了出现在商品搜索结果页面，还经常出现在店铺首页、店铺活动页和商品详情页等位置，对引导消费者进店起着关键性的作用。对于商家而言，商品主图的视觉效果几乎直接决定着店铺的流量，因此商家必须做好商品主图的视觉营销，掌握优化商品主图视觉效果的方法。

学习目标

- 了解影响商品主图营销效果的数据
- 掌握商品主图的拍摄方法
- 掌握打造商品主图视觉营销的方法
- 掌握打造商品主图文案视觉的方法

案例展示

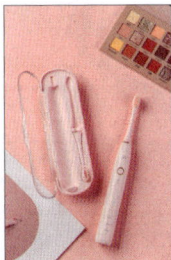

图片素材设计   主图构图方式   无背景主图

4.1 商品主图视觉营销数据分析

商品主图是商家展示商品的重要窗口，消费者几乎都是通过浏览商品主图对商品产生第一印象，也主要是通过商品主图进入店铺、了解商品的。可以说商品能不能实现最终的转化，商品主图起着至关重要的作用。从营销的角度看，商品主图担负着店铺引流的重要职责，做好商品主图的视觉营销是保证店铺顺利运营的前提。而商家要想做好商品主图的视觉营销，首先需要了解商品主图与店铺营销数据的关系，从数据上对商品主图进行分析，再根据实际情况进行有针对性的优化，提高商品主图的视觉营销效果。

4.1.1 商品主图与流量的关系

在电商平台上，流量是店铺发展的基石，有了流量，才可能有后续的转化，店铺才会有收益。决定商品流量的因素主要有两个：一个是商品的展现量；另一个是商品的点击率。

商品的展现量主要依据商品的综合排名决定，综合排名高的商品，展现量就高。也就是说，消费者在搜索商品的相应关键词时，综合排名越高的商品，其排列的位置越靠前，被展现的次数就越多，被更多消费者浏览的可能性就越大。而影响商品综合排名的因素比较多，其中商品标题关键词、上下架时间、收藏加购数量、客单价、转化率、主图质量等因素的影响权重较大，是运营人员主要维护的数据。消费者依靠关键词搜索商品，电商平台根据关键词对商品进行展现。商家通过店铺运营工具，可以查看关键词的展现量。

商品的点击率即商品的被点击次数与展现量之比。假设一件商品的展现量为1000，被点击次数为10，则该商品的点击率为1%。商品的点击率也通过店铺运营工具进行查询。

点击率也可直接理解为流量，消费者在搜索到商品后，并不是对每一件商品都会进行点击，一般情况下，只有满足了他们视觉要求或购物需求的商品，才可能被点击，继而使商品获得流量。而消费者的视觉需求和购物需求，往往都依靠商品主图来初步获取。因此，商品主图与商品流量是直接相关的，要想获得商品流量，就必须做好商品主图的视觉设计。

📢 **知识补充**

点击率的有效性

点击率数据的有效性是建立在一定数据量的基础上，如果某商品短期内获得的展现量较低，但点击率较高，这时的点击率一般不具备太大的参考价值，也不可作为店铺运营的数据依据。

4.1.2　影响商品主图引流效果的主要因素

商品主图的质量决定着商品的流量。从电商视觉营销的角度分析，商家必须了解影响商品主图质量的主要因素，才能对商品主图的视觉呈现效果进行合理优化，以满足消费者的视觉需求或购物需求，吸引他们来点击商品。

那么消费者对商品主图有哪些视觉需求呢?

线上商品无法让消费者直接通过触摸感知到商品实物，为了弥补这个缺陷，商家就必须把商品的真实使用感觉和体验通过视觉呈现传达给消费者。比如床上用品，消费者无法直接感知床上用品的使用感受，商家就可以通过各种视觉设计手段将床上用品的外观、材质、使用体验表现出来，让消费者通过视觉来感受床上用品温暖、舒适、利于睡眠等卖点。从消费者的角度来看，床上用品的外观、材质、使用体验等正是他们想要了解的信息和他们对床上用品主图的视觉需求。结合消费者对商品主图视觉的需求，可以将影响商品主图视觉质量的因素总结为以下5点。

1. 美感

人是视觉动物，美的画面可以带给人愉悦的感官体验，所以美感是消费者对商品主图视觉最基本的要求。电商平台上销售业绩较好、品牌知名度较高的店铺，都会对视觉设计的美感无比重视。其实不论是高客单价的消费者，还是低客单价的消费者，在浏览商品主图时都希望商品首先是符合自己审美的，都是"漂亮"的事物。美感往往意味着视觉效果的突出，具有美感的商品主图可以有效提高商品的点击率、转化率，甚至提高商品的附加价值和品牌形象，因此商品主图必须具备基本的视觉审美，图4-1所示为淘宝网上旅行箱的主图视觉。当然，消费者对商品的审美不可能完全一致，这就要求商家依据自己的目标消费者的喜好，对他们的普遍审美进行分析和测试，找出他们最喜欢的风格并进行呈现。

图4-1　商品主图视觉

同样的商品，通过不同的视觉设计和风格进行呈现，可以塑造出不同的商品质感，打造出完全不同的视觉效果。但需要注意的是，天猫、京东等B2C电商平台，以及这些平台上的某些平台活动，对商品主图的要求比较严格，如要求商品主图必须使用白底图片或纯色背景等，此时不宜对商品主图进行过多的视觉设计，而是根据平台的要求进行呈现，否则容易影响商品的综合排名。

2. 交互体验

交互体验主要用于网站设计、软件设计中，用于评价用户与网站、用户与软件之间的互动是否符合人的自然理解与表达，整个交互过程是否顺畅舒适。而对于商品主图来说，商品主图视觉的交互体验就是商品主图要便于消费者浏览和理解。如果，一张商品主图，文案内容太多、字体太大，影响了商品的展示，不利于消费者了解商品的外观，或者文案重点不突出，需要消费者花费较多的时间去阅读和理解信息，那么这张商品主图的交互体验就较差，就不能给消费者带来舒适的阅读体验，难以吸引消费者进行点击。当一张商品主图得到了一定的展现，却无法吸引消费者点击时，平台系统会自动判定消费者不喜欢该商品，从而对商品进行降权，降低商品的综合排名，这样对商品的销售影响非常大。

交互体验设计不仅是影响商品主图视觉质量的重要因素，还在商品详情页、活动页、店铺首页等页面起着至关重要的作用，只有好的交互体验设计才能引导消费者方便快捷地完成下单转化。

3. 感官补充

消费者通过视觉"体验"商品时，商品视觉表现的方式决定了消费者感官体验的程度，商品的视觉表现越形象，对消费者感官的"补充"就越明显。在商品主图的视觉设计上，商家主要可以通过3种方式来对消费者进行感官补充。第一，是通过物体映衬，如要表现商品的保暖性，可以用橙红色的光线、火焰等映衬商品，让消费者通过光线和火焰想象这种热度，感受商品的功能。第二，是通过人物情绪，如为了表现商品的美味，用模特急不可待的神情、用卡通人物流口水的神情等进行表达，让消费者通过人物神情感受到商品的美味。第三，是通过文字说明，用优美、精准的文字表达商品，引起消费者对商品好的联想，如"德芙"巧克力的文案——"纵享丝滑"，就是利用文字来描述巧克力细腻、丝滑的口感，让消费者产生联想。商品感官的塑造和补充要求设计人员必须深入了解商品，能够抓住商品的本质和特点，选择恰当的方式进行体现，才能最大限度地吸引消费者的注意力。

4. 营销诉求

营销诉求是指商品主图中用以吸引消费者的主要营销信息点，可以是优惠信息、商品卖点等。视觉设计的最终目的是营销，商品主图的视觉呈现也应该以营销诉求为设计重心。现在电商市场上的商品同质化现象十分严重，消费者购物时的选择范围越来越大，为了增加消费者点击的概率，很多商家都会直接将商品的营销信息通过商品主图表现出来，依靠直接的利益点来吸引消费者的注意力。图4-2所示的商品主图就同时表达了商品卖点、优惠满减等营销诉求。

5. 品牌格调

品牌格调即根据品牌定位，对商品主图视觉的风格、价值等进行表现。一般可以将代表品牌的一些设计要素展现在商品主图中，从而增强消费者对品牌的认知，同时有利于加深品牌的影响力，使消费者对品牌留下深刻的印象。品牌格调的视觉表现方式可以结合品牌视觉识别系统的相关内容进行分析。

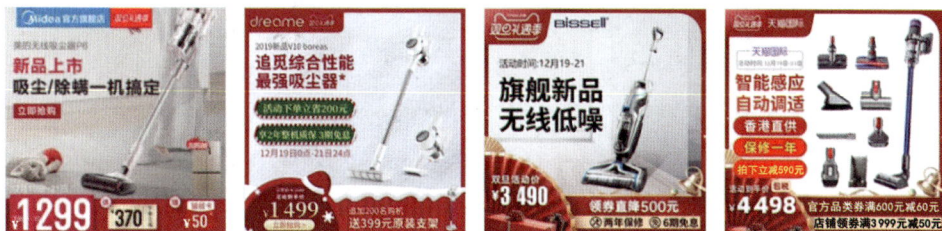

图4-2　商品主图营销诉求

4.2　拍摄商品主图

商品视觉的呈现建立在商品图片素材的基础上，不能全部依赖于后期设计。其实从商品拍摄开始，视觉设计工作就已经开始了。商品拍摄就是商品主图视觉设计的源头，从商品拍摄开始就应该进行完整统一的策划，从根本上保证商品主图视觉呈现的方向。

4.2.1　选择拍摄方式

对于电商平台的商家而言，拍摄商品主图主要有两种途径，一种是邀请专业拍摄团队进行拍摄，一种是自己准备拍摄器材进行拍摄，这两种方式的基本流程和主要工作内容并不相同，商家可根据实际情况进行选择。

拓展资料

选择淘宝卖家市场中的拍摄服务

- **邀请专业拍摄团队拍摄**。邀请专业拍摄团队需要进行的工作比较简单，只需将拍摄风格、拍摄张数等相应拍摄要求告知专业拍摄团队即可。现在有很多专业的线上商品拍摄工作室，商家也可在电商平台的服务市场中寻找模特或购买拍摄服务，图4-3所示为淘宝的摄影服务市场，商家可以选择左侧的类目，打开相应的界面选择模特和摄影服务，也可选择下方的品牌商，对图片素材进行设计制作。

- **自己准备拍摄器材拍摄**。当商品的拍摄不复杂、对设备要求不高且容易操作时，商家可以选择自己拍摄。自己拍摄商品主图需要准备拍摄的设备，包括相机、手机等拍摄设备，三脚架、闪光灯、背景板、背景布、反光板等辅助拍摄设备，以及环境布置和装饰道具等，同时需要制定相应的拍摄计划，再按照拍摄计划对商品进行拍摄。拍摄完成后，还要对商品主图进行后期处理，才能上传使用。

图4-3　淘宝的摄影服务市场

4.2.2　拍摄准备

不管是自己准备拍摄器材拍摄还是邀请专业拍摄团队拍摄，都应该有一个大致的拍摄计划，对拍摄风格、拍摄张数等事项进行事先确认，同时准备好拍摄所需的道具，确定好拍摄的时间和地点等。

- **确定拍摄风格**。商家在拍摄商品之前，应该根据商品的类目特点、市场定位、店铺定位、消费者定位等确认好拍摄风格，如选择什么样的模特、模特使用什么风格的妆容、在什么地方进行拍摄等。图4-4所示的商品主图中模特的妆容、姿势、动作，以及拍摄的背景都比较符合商品的定位，十分利于消费者进行场景代入。

图4-4　主图拍摄风格

- **确定拍摄张数**。电商平台上的商品展示通常都是全方位、多角度的，部分商品还需要展示局部细节或使用规范等，因此在拍摄商品之前，商家需要根据实际需求计算每件商品各角度需要的照片数量以及总共需要的照片数量，以便后期拍摄工作的顺利进行，也可在制定的视觉设计方案的基础上确定照片的拍摄张数，如视觉设计需要达成某种效果，就按照该效果的设计要求来预估商品图片所需的张数。

- **准备拍摄道具**。拍摄道具指拍摄设备、场景布置道具和商品等。准备好拍摄设备和辅助拍摄设备，同时将需要拍摄的商品按照款式、种类等进行整理，服饰等需要提前熨烫的也要做好相应准备工作。在室内进行棚拍时，要做好背景的布置，选择与商品颜色、风格等搭配的材料和辅助道具对商品进行衬托，提高商品的视觉美感。在进行服装鞋包类商品的拍摄时，必要时也要准备好相关搭配服饰。
- **确定时间地点**。预计拍摄时间，选择和联系拍摄地点。为了控制拍摄进度，相关拍摄人员必须按照规定时间完成工作，现场拍摄也应做好时间的控制和调整。

4.2.3　商品拍摄技巧

拍摄并不是简单的工作，商品种类、材质、颜色等不同，拍摄的方式也就不一样。商家在拍摄商品图片时，要了解被拍摄商品的材质特性，掌握该类商品的布光技巧，才能拍摄出优秀的商品图片。下面介绍一些常见商品的拍摄技巧。

拓展资料

常用布光方式

1. 服装类商品的拍摄技巧

服装类商品根据商品拍摄要求的不同，可以选择的拍摄方式也不一样，图4-5所示为不同风格的服装拍摄效果。

比如，使用欧美风格进行拍摄时，模特多选择欧美模特，模特妆容要大气，整体风格简约时尚。在内景的选择方面，一般选择在摄影棚中拍摄，现场布景以单色背景为主，白色背景使用频率最高，其次是灰色、黑色和咖啡色等。在外景选择上，可以选择时尚都市建筑、街景、废弃工厂厂房等场地。

使用韩式甜美风格进行拍摄时，通常选择长相甜美的模特，妆容清新自然，整体呈韩式风格。背景布置也以清新、自然为主，室外拍摄可选择商场、餐厅等作为拍摄地，室内拍摄则多选择蕾丝边缘的白色窗布，再搭配浅色系、原木系的家具、温暖灯照等作为背景。

使用中国风进行拍摄时，通常选择符合东方审美气质的模特，既可以复古端庄，又可以融入时尚彩妆元素，使服装显得大气。道具可选择传统龙凤图案、中国结、剪纸、兰花、水墨、脸谱等中国元素，凸显服装的独特韵味，提高画面的整体意境。

除此之外，还可以选择自然随意的街拍风、独具风情的民族风、精干休闲的运动风、干练精致的职业风等，根据不同风格对模特进行选择，对模特妆容进行打造，再选择与风格相适合、相关联的道具进行装饰衬托。需要注意的是，拍摄风格的选择应依据服装本身的风格而定。

图4-5　不同风格的服装拍摄效果

另外，服装属于吸光类商品，表面反射光线的能力较弱，适合使用直射光进行拍摄，能细腻地表现商品的质地。具体而言，服装类商品的拍摄要注意布光均匀，拍照时尽量使用自然光照明，或者在服装两侧放置反光板，减淡其阴影。

2. 箱包鞋靴类商品的拍摄技巧

对箱包和部分鞋靴类商品，在拍摄时需要表现商品的质感，特别是皮质商品，往往还要求体现商品的光泽度。在拍摄这类商品时，可以使用较深的背景，从视觉上加强皮质的光泽度；也可在纯色背景上进行拍摄，如白色背景，这样拍摄的效果不容易受物体与物体之间的光线的影响，体现的颜色和质感会显得更加真实。同时为了体现商品的立体感，可以在商品上方布光，照亮背景，然后再通过左右两侧的补光来显示商品轮廓，提高商品的立体感。必要时也可使用底灯降低商品阴影，使商品显得更加干净通透。另外，在拍摄部分反光强烈的商品时，注意使用柔光、逆光、侧光等对布光进行修饰，避免硬光直射时形成强反光现象，以便更好地体现商品的光泽和质感。

对于需要使用模特展示的箱包鞋靴类商品，其拍摄风格与服装比较类似，第一，根据商品风格确认拍摄风格。第二，对模特妆容、服饰等进行搭配，再选择与之相适应的户内或户外场景。图4-6所示为箱包鞋靴类商品的拍摄效果。

图4-6　箱包鞋靴类商品的拍摄效果

3. 珠宝首饰类商品的拍摄技巧

珠宝首饰类商品一般都属于高反光商品，可以反射光线，映射周围物体，在拍摄时往往需要通过布光对光照、反射等进行调整。布光时所使用的工具主要包括纸张、反光板、聚光灯、柔光箱，根据不同的首饰选择不同的工具进行拍摄。

拍摄珠宝首饰类商品时，可充分利用饰品与背景受光的差异，如利用日出日落时柔和的逆光进行拍摄，调整好拍摄位置和角度，让饰品展现得更加美观；也可利用室内和室外人工造成的受光差异或天空和水面的自然强反射，让拍摄的反光效果更加自然，使商品展现的效果更佳。在室内布景拍摄时，钻石类商品的布光以补光为主，通过布光打出不同面的明度和高光，使各棱边产生清晰的光亮，但要注意对反光进行调整。拍摄金银首饰时常使用直射光，补光则需要使用各种小的反光板，包括金、银、黑、白色的反光板，在特定的角度进行补光，以突显金银首饰表面的坚挺或圆润。

另外，不同材质的首饰对光线的要求不同，对拍摄背景的要求也不一样，必须根据首饰的材质来选择最适合的背景和纹理，以更好地烘托被拍摄的对象。一般选择可以与首饰的质地产生鲜明对比的背景和纹理，以突出首饰的特点，如粗糙与平滑的对比、明亮与暗淡的对比、柔和与坚硬的对比等。

拍摄高反光商品时注意避免周围物体的映射，可使用低亮度柔光灯罩将商品与环境隔开。图4-7所示为珠宝首饰类商品的拍摄效果。

图4-7 珠宝首饰类商品的拍摄效果

4. 玻璃制品类商品的拍摄技巧

玻璃制品类商品可以反射光线，也可以投射光线，在拍摄时，需要注意体现商品的轮廓形状，保证商品的通透性。一般可使用逆光拍摄，光线从拍摄对象后面投射，极易表现出被拍摄物体的通透感。与强直射光相比，从玻璃窗射入的斜射晨光映衬下拍摄出的商品拍摄效果更好；也可将商品放置在磨砂材质的有机玻璃板或倒影板上辅助拍摄，通过逆光表现商品的通透感。另外，增加曝光也可以体现商品的通透感。

此外，在拍摄玻璃制品时，也可以使用一些技巧。在明亮的背景前，将玻璃制品以黑线条呈现出来；或在深暗的背景前，将玻璃制品以亮线条呈现出来。

- **黑线条。** 黑线条的表现主要是利用光的折射原理。光线折射最主要的作用是将玻璃制品的轮廓刻画为深暗的线条。在布光上的处理方式是将背景设置成明亮色调，将透明物体放在与浅色背景有一定距离的位置，光线不直接照射被摄物；用1~2盏带蜂巢聚光器的泛光灯从中间或两侧向背景打光，背景反射的光线穿过玻璃层，在被拍摄物体的边缘通过折射形成深暗的轮廓线条，线条的宽度与玻璃的厚度成正比。另外，调整光源的强度和直径得到的效果会有所不同，光域越小、光线越强，其反差就越大。为解决背景水平部分难布光的情况，可选择半透明连底背景或台架，在下方进行适当打光，但应注意光的强度不能干扰黑线条的表现。

- **亮线条**。亮线条的表现是利用光的反射原理。亮线条表现的背景要呈深暗色调，以此衬托出被拍摄物体的明亮轮廓。亮线条的布光是在被拍摄物体的两侧后方各放置一块白色反光板，然后再用聚光灯或加蜂巢聚光器的泛光灯照射反光板，通过反光板反射出的光会照亮被拍摄物体的两侧，从而形成明亮的线条。

- **两侧和顶部亮线条**。在被拍摄物体的侧上方用雾灯、柔光灯或其他扩散光对被拍摄物体打光，在被拍摄物体两侧加反光板补光，可实现在玻璃制品的两侧外轮廓及顶面出现明亮的线条。图4-8所示为玻璃类商品的拍摄效果。

图4-8　玻璃类商品的拍摄效果

商品拍摄的重点是对光的把控，要懂得区分商品特征，针对有吸光、反光、透明等特征的商品，选择合适的布光方式，拍摄出优秀的商品图片。

知识补充

商品拍摄技巧

拍摄前注意分析被拍摄物体的表面结构，合理表现其软硬、轻重、粗细、冷暖等物理特征，通过影像的审美通感作用来表现嗅觉与味觉特征。例如，玻璃的玲珑剔透、金属的坚实沉重、水的润泽、冰的寒冷、水果的酸甜等，都可通过对光的把握来加以表现。

4.3 打造商品主图营销视觉

商品主图是店铺获取流量的重要途径，是线上店铺运营人员的重要维护对象，为了打造更优质的商品主图视觉效

微课视频

打造商品主图
营销视觉

果，商家往往需要从图片选择、设计规范、色彩搭配、构图、视觉优化等各个方面着手。

4.3.1　商品主图素材选择

选择图片素材是设计主图视觉的前提，图片素材的质量直接影响着商品主图后期的视觉设计和商品的点击率。一般来说，可以依据以下几个因素选择商品主图的图片素材。

- **清晰**。清晰是对商品图片素材最基本的要求，高清的图片可以展现商品的质感，快速获得消费者的好感；反之，模糊的图片则会影响商品的质感，使消费者对商品产生"劣质""非正品"等不好的印象，无法获得消费者的点击。图4-9所示的商品主图，保证了图片的清晰度，让消费者可以清晰了解到商品的外观，甚至材质，使其对商品产生良好的第一印象。

图4-9　清晰的商品主图

- **光线**。商品图片素材的光线把握十分重要，光线过强或过弱都可能影响图片的颜色，使图片与商品实际状态产生较大的差异，合适而充足的光线有利于展示商品细节，提高图片的质量。图4-10所示的两张图片，因为光线的差异，前者颜色稍暗淡，后者颜色更明亮。

图4-10　光线的影响

- **展示角度**。商品主图图片素材的展示角度要合理，合理的展示角度可以增强商品的立体感，全面呈现商品的外观，提高商品的视觉表现力。图4-11所示的商品展示角度，就立体地展示了商品的外观，有利于消费者快速对商品的全貌产生印象。当然，不同的商品有不同的展示方式，拍摄商品时可多做尝试，设计时再选择表现效果更好的图片素材。

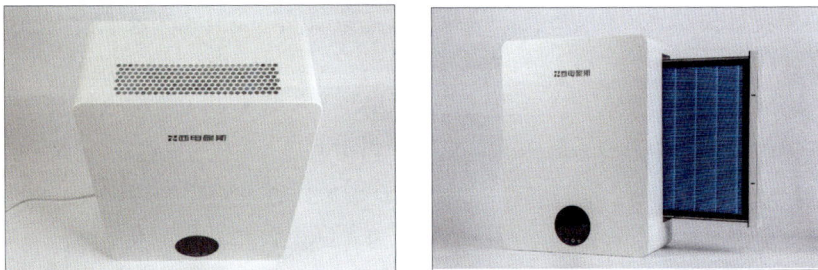

图4-11　商品展示角度

- **背景设计**。这里的设计是指在拍摄时通过排列、摆放、搭配等方式对商品的原始效果进行设计，将商品主体放置于一个精心设计的背景中，提高图片的表现力和设计感。图4-12所示的电动牙刷，就是通过对商品的拍摄背景进行了设计，提高了图片素材的美观度。

图4-12　背景设计

4.3.2　商品主图制作规范

为了提高消费者的消费体验，方便消费者更快地找到自己所需的商品，现在主流的电商平台都对商品主图的制作进行了规范，不符合品类主图规范的商品主图，往往会被搜索降权，因此在设计商品主图之前，必须了解商品主图的制作规范。

以手机淘宝为例。在手机淘宝首页，展示了很多商品主图，这些商品主图都是手机淘宝根据消费者的购买行为、浏览习惯等进行的推荐，如消费者浏览、收藏、购买了衬衣，则手机淘宝首页就会根据消费者浏览的衬衣属性、价位、风格等自动推荐类似的商品给消费者。手机淘宝首页的流量非常大，商家在上传商品主图时，如果按照手机淘宝的主图规则上传了图片（第5张商品主图要求为白底图），则更容易被推荐给目标消费者，从而获得更多的点击和转化。其商品主图的制作规范如下。

- 白底图。
- 图片尺寸：正方形，图片大小必须800像素×800像素。
- 图片格式为JPG，图片大小需大于38KB且小于300KB。
- 无Logo、无水印、无文字、无拼接、无"牛皮癣"、无阴影。最好将素材抠图边缘处理干净。
- 图片中不可以有模特，商品平铺或者挂拍，不可出现衣架、商品吊牌等。
- 商品需要正面展现，不可侧面或背面展现。
- 图片美观度高，品质感强，商品尽量平整展现。
- 构图明快简洁，商品主体突出，居中放置。
- 每张图片中只能出现一个主体，不可出现多个相同主体。
- 图片中商品主体完整，展示比例不能过小。

在淘宝PC端的首页，也会根据消费者的购物行为对其进行商品推荐，如图4-13所示。淘宝PC端的首页展示也依然对商品主图有类似要求。

图4-13　淘宝PC端首页的图片展示

此外，天猫商城、京东商城等平台对商品主图的要求更加严格，且不同行业的商品主图设计规范都不相同。商家在参加聚划算、天天特价等活动时，对商品主图也会有相应的要求，不符合设计规范的商品主图难以通过活动申请，设计人员可以在电商平台中查询相关要求，以设计出符合电商平台规范的商品主图。

4.3.3　商品主图主要样式

符合标准的商品主图一般都具有背景简单、图片清晰、能够展示商品全貌等特点，在此基础上，还可以根据以下几种样式展示商品主图。

1. 单色背景商品主图

单色背景是天猫、京东等平台常规的一种商品主图形式，大多数行业通过白底背景或纯色背景来展示商品。使用单色背景可以更清晰地展示商品的外观、细节、颜色等，重点突出商品本身，让消费者快速直接地获取商品信息，图4-14所示为单色背景的商品主图。

图4-14　单色背景的商品主图

2. 场景化商品主图

场景化商品主图是指将商品展示在真实的使用环境中，或根据商品的特点，为其搭建生活化的场景，这样既可以直接体现商品的适用范围和人群，又可以让消费者直观地感受到商品的实际使用效果，产生对商品的使用联想，从而增加其点击商品的概率，图4-15所示为场景化商品主图。

图4-15　场景化商品主图

3. 组合式商品主图

组合式商品主图是指将一个商品的多个细节或多个商品组合在一起进行展示，组合式商品主图可以多方面地展示商品信息，如同时展示商品细节、展示商品全部颜色或样式等，图4-16所示为组合式商品主图的样式。

图4-16 组合式商品主图的样式

4. 卖点式商品主图

商品卖点包括商品突出的功能、作用、特点以及营销优惠等，是消费者十分关注的信息，很多商家在通过商品主图展示商品时，会搭配文案，针对商品卖点进行展示，吸引消费者的点击，图4-17所示的商品主图样式就是以卖点展示为主。使用卖点展示商品主图时需注意，文案信息应简单清晰，便于阅读，控制好文字的数量和排版，防止被平台判定为商品主图不规范，从而对商品进行降权。

图4-17 卖点式商品主图

知识补充

电商图片视觉设计的通用性

电商图片视觉设计具有很大的共性，很多设计方法和技巧可以通用。除了商品主图，场景式、卖点式、组合式图片设计方式也可以用于商品海报、商品详情页等页面设计中。

4.3.4　商品主图视觉构图

对商品主图进行合理构图，可以打造不同的视觉关注点，将消费者引导至商家想要传达的信息上，提高消费者获取信息的速度，同时还能通过恰当的构图形式形成不同的主图风格，与其他商品主图形成差异。

1. 分割构图法

分割构图法是指根据展示需要，将画面分割成两个及两个以上的区域，从不同角度或以不同形式对商品进行展示的构图方式。分割构图法的优点是可以多方面展示商品，呈现商品的不同状态、颜色或款式，让消费者在查看商品主图时可以获取更多商品信息，增加消费者点击的概率。分割构图法在服装、鞋靴等类目，或者小件商品类目中使用较多，图4-18所示为分割构图法展示的商品主图。

图4-18　分割构图法

2. 直线构图法

直线构图法是指商品呈直线排列的构图方式，可以呈横直线形式，也可以呈竖直线形式，还可以呈对角线形式。直线构图法具有平衡、协调的视觉特点，可以带给消费者整齐、简洁、舒适的视觉体验，电商平台中很多商品都采用直线构图法进行展示，图4-19所示为按直线构图法展示的商品主图。

图4-19　直线构图法

3. 渐进构图法

渐进构图法是指将商品按照一定的顺序和规律进行摆放，形成由大到小、由近到远等视觉效果的构图方式，渐进构图法可以体现商品的空间感和立体感，使商品的陈列形式具有渐进的气势，同时也可以突出重点，图4-20所示为按渐进构图法展示的商品主图。

图4-20　渐进构图法

4. 发散构图法

发散构图法是指将商品呈放射状排列和展示的构图方式。优点是可以增强画面的动态感和视觉的冲击感，突出发散的视觉中心，延伸消费者的视线，将消费者的视线聚焦在发散状的商品上，图4-21所示为按发散构图法展示的商品主图。

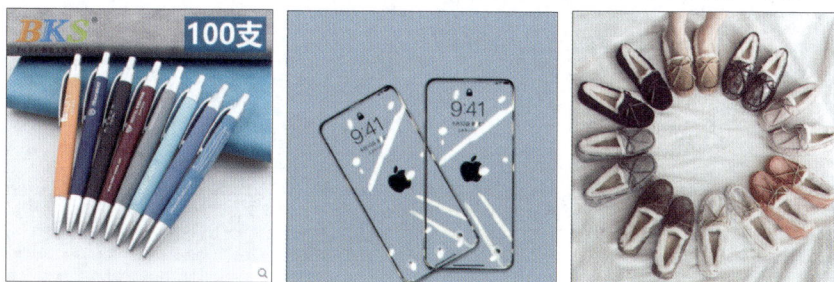

图4-21　发散构图法

知识补充

商品主图的构图形式

商品主图的构图形式非常多，除以上常用的构图形式，还可根据自己商品的特点设计更适合的构图形式，或对这4种构图方式进行综合使用，找到最适合展示自己商品主图的方法。

4.3.5　商品图片视觉优化

商品主图作为消费者进入店铺的主入口，其视觉效果在某种程度上决定了店铺的访客量。商家在商品主图素材的基础上对商品主图进行视觉优化，可以大大提高图片的设计感和点击率，将更多流量引入店铺。

1. 商品主图的展示逻辑

电商平台为商家提供了多个商品主图展示位，方便商家全方位地对商品进行展示，商品主图的展示逻辑对消费者的购买行为影响非常大，有些消费者在商品搜索页点击商品主图进入详情页时，仅凭详情页顶部的几张商品主图就会决定是否购买，特别是在移动端，商品主图对流量和转化率的影响更大。因此商家必须利用好商品主图展示位，掌握商品主图的展示逻辑。

一般来说，商品主图的展示具有一定的逻辑性，如手机淘宝的商品主图展示，当第5张商品主图为白底图片时，商品展示在手机淘宝首页的概率就更大。此外，有逻辑的展示可以让消费者通过商品主图展示一步一步地了解商品，对商品主要信息和卖点有一个系统的认识。

在展示商品主图时，注意结合不同品类商品的特点，以及消费者关注的卖点，调整商品主图展示的顺序。商品常用的视觉卖点包括材质细节、包装、用法、配件、赠品、色彩和款式等，优惠信息一般也是消费者首先关注的信息之一，图4-22所示的一系列商品主图，依次展示了商品外观及赠品、商品的其他颜色、商品的核心卖点等。

图4-22　商品主图外观展示

此外，主形象图、卖点图、细节展示、促销展示、包装展示、物流服务和品牌展示等皆可作为商品主图的展示点，其展示逻辑并没有固定的标准，只需依照消费者浏览详情页的心理动机进行展示即可收获良好的效果。图4-23所示为在商品主图中展示商品的营销信息、商品的套餐情况、商品的品牌承诺等消费者十分关注的核心利益点。

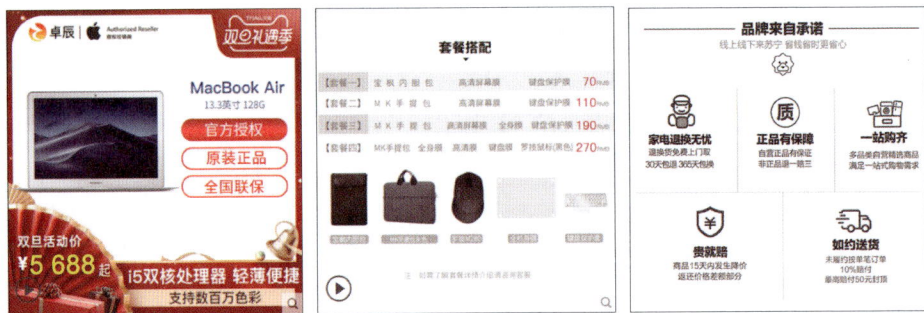

图4-23　主图核心利益点展示

2. 突出商品主图的视觉卖点

所谓视觉卖点，是指根据商品自身特点、同类竞品情况以及消费者心理，进行的差异化视觉呈现。通过这种差异化视觉呈现可以快速吸引消费者的注意力，引起消费者的兴趣，达到刺激消费者点击的目的。

商品的视觉卖点是多方面的，从商品本身来说，商品的材质、包装、功能、工艺、色彩、外观和原料等消费者比较关注的问题均可提炼并打造成商品主图的视觉卖点，如服装鞋包类商品，主要以外观展示为主，依靠商品本身的外观效果吸引消费者的注意力；从同类竞品中分析出商品与同类竞品的区别、优势、特点等可以打造成主图的视觉卖点，数码类商品通常会将商品优势提炼成卖点展示在商品主图中，如笔记本电脑展示在商品主图中的处理器版本、显卡版本、内存容量等信息；从消费者心理分析，商品的品质、格调、优惠、折扣、价格、情感、联名等都可以打造成商品主图的视觉卖点，如床上用品经常突出温馨的家庭氛围和舒适的睡眠环境来唤起消费者的共鸣及对商品的需求。

现在的电商平台对商品主图样式都有一定的要求，为了符合平台对商品主图的要求，很多商家会根据行业特点来突出商品主图的视觉特点，因此现在电商平台上同行业的商品主图都具有一定的共性。根据主流的商品主图样式，主要可以分为有背景的商品主图和无背景的商品主图两种样式。

（1）有背景商品主图的视觉卖点

有背景商品主图是指将商品放置在一个合适的背景中，通常是将商品直接展示在使用场景中，或通过设计软件为商品设计适合的背景和文案。在设计有背景的商品主图时，比较重视商品视觉卖点的提炼，要明确商品和背景的主辅地位，背景的作用是修饰商品，提高主商品的质感，因此背景不能喧宾夺主。在图4-24所示的仿真花、卧室地毯、落地灯等商品的主图中，其背景很好地衬托了主体商品，展示了主体商品的使用环境，刺激消费者对商品的联想，使主体商品具有更优秀的视觉效果。而在图4-25所示的卧室地毯、落地灯等商品主图中，其背景则没有起到较好的衬托作用，背景和商品对比不强烈、主体商品不太突出，对主体商品的展示效果会产生一些影响，使消费者难以一眼抓住商品主图中的信息重点。因此，对于有背景的商品主图来说，保证商品的主体地位，将消费者的注意力引导至商品本身十分重要。

图4-24　背景起到良好的衬托作用

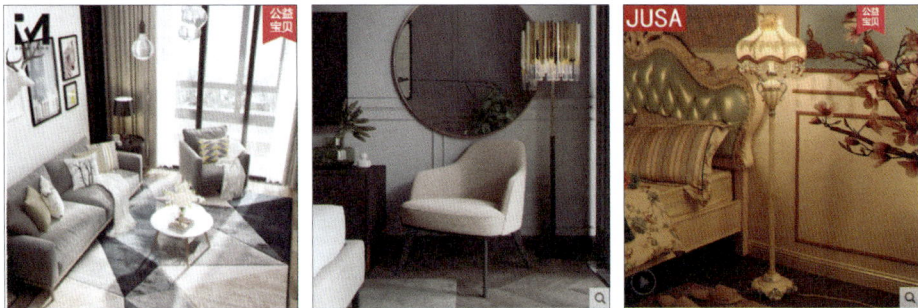

图4-25　背景未起到良好的衬托作用

　　视觉卖点不明显的商品主图，难以和其他商品形成差异，而为了提高商品主图的优势，在背景设计恰当的前提下，还要注意分析同类商品的共同点，提炼商品独特的卖点和优势，围绕商品特点打造商品主图视觉，避免同质化设计。比如，茶具商品的主图视觉，很多商家的视觉卖点都在商品视觉、优惠上，某茶具品牌的主图视觉重点则体现在典雅古朴的摆放和搭配上，通过吸睛的搭配设计烘托运用茶具时真实的氛围意境，不仅能有效提高茶具主图的视觉效果，还可以在其他茶具主图中显得别具一格，给消费者眼前一亮的感觉；同时，通过摆放设计、意境烘托等方式展示茶具，也更契合消费者对该类商品的心理诉求。图4-26所示的茶具主图，都是以外观展示、优惠营销信息为主要的视觉卖点；图4-27所示的茶具，则以摆放和意境展示为主要的视觉卖点。

图4-26　以外观展示和优惠营销信息为主要视觉卖点的商品主图

图4-27　以摆放和意境展示为主要视觉卖点的商品主图

　　在设计有背景的商品主图时，可灵活运用场景、色彩、角度、模特、搭配、意境等元素突出视觉卖点，触及消费者内心的感受。

（2）无背景商品主图的视觉卖点

无背景商品主图多指白底或纯色背景的商品主图，商品主图中几乎只有商品，没有其他修饰元素。图4-28所示为无背景茶叶罐主图。这两张商品主图都是无背景的白底图，但在视觉呈现上却有不一样的表现效果。第一张图通过"倾倒的茶叶罐和洒落的花茶"展示商品的用途；第二张图以茶叶罐的摆放为主，通过规则韵律的摆放提高视觉效果。无背景商品主图的内容构成十分简单，通常只有商品，很少使用文案，其视觉卖点基本集中在商品本身的外观上，因此一般都是对商品的品牌、角度、色彩、赠品、包装、数量、配件和造型等进行展示。

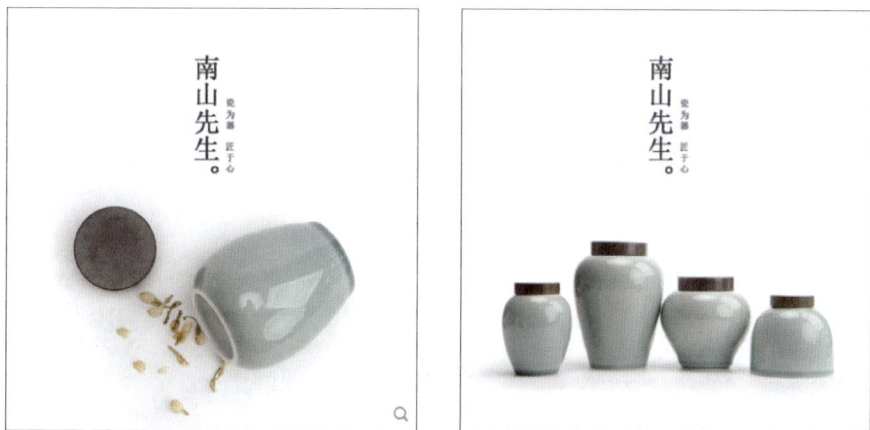

图4-28　无背景茶叶罐主图

4.4　打造商品主图文案视觉

商品主图的文案视觉是图片和文案的结合，通过图片、文字的搭配组合，打造出富有视觉效果、方便消费者识别和记忆的视觉化文案，使商品主图发挥出更大的营销作用。根据商品主图文案视觉风格、作用的不同，可以将商品主图分为以下几种类型。

微课视频

打造商品主图文案
视觉

4.4.1　卖点营销文案

卖点营销文案是突出商品卖点的文案，通过商品卖点吸引消费者的注意力，并促使消费者购买商品。当商品卖点无法通过图片直接展示时，可以搭配卖点营销文案对商品进行说明。卖点营销文案一般要求卖点突出、表达简练、紧扣商品。图4-29所示的商品主图为卖点营销文案，通过卖点营销文案吸引消费者的注意力。商家要提炼出可以打动消费者的商品卖点，必须了解自身商品和同类竞品，才能从商品的各个方面挖掘出消费者真正需求的、与同类竞品形成差异的卖点。

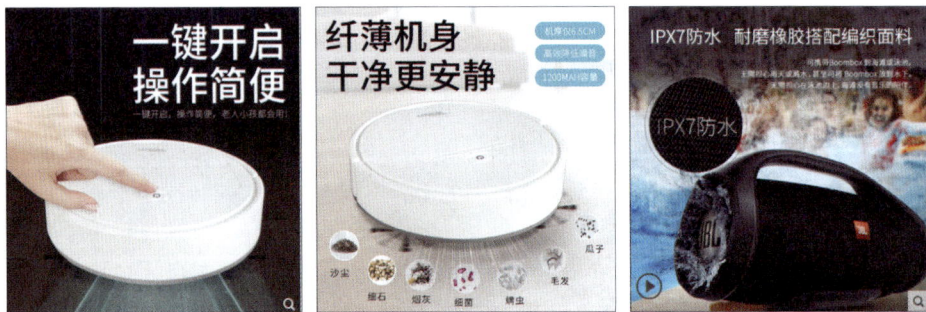

图4-29　卖点营销文案

4.4.2　痛点营销文案

痛点是指消费者未被满足的，或急需解决的需求，痛点营销文案即针对消费者急需解决的需求来设计文案，通过突出痛点来打动消费者，促使其购买商品。痛点营销文案的设计往往建立在了解消费者的需求之上，商家必须懂得自己这个行业的商品，消费者最迫切需要满足的需求是什么，甚至可以主动让消费者明白，面对这件商品他们最应该关注的是什么。在图4-30所示的酸奶商品主图中，既分析了消费者担心酸奶虽然具有很高的营养价值，但糖分高、热量高，吃了容易使人长胖等问题，又挖掘出消费者对酸奶具有健身、减肥等方面的痛点，对痛点营销文案进行展示，吸引消费者的关注，并促使其产生购买行为。

图4-30　痛点营销文案

4.4.3　情感营销文案

情感营销文案指通过挖掘商品对消费者的情感意义而设计的商品文案。情感营销文案可以唤起消费者的情感需求，从情感上影响和打动消费者。图4-31所示的商品主图，通过挖掘商品与亲情之间的联系，将商品设计成消费者表达情感的媒介，再通过文案进行引导，促使消费者购买。

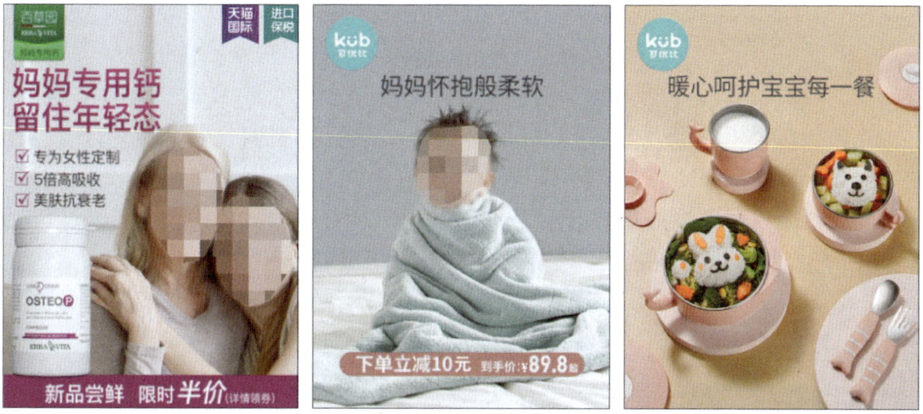

图4-31　情感营销文案

4.4.4　品牌营销文案

　　品牌营销文案是指通过文字来展示品牌形象，提高消费者对品牌产生好感的营销文案。比如，一些运动品牌的文案——活出你的伟大，通过文案传递品牌努力拼搏、活出自我的品牌精神，用这种品牌精神和文化去影响消费者，使其对品牌产生好感，继而购买品牌商品。图4-32所示的茶具商品，以品牌文化"瓷为器 匠于心"作为商品主图的品牌文案，展现品牌气质和品质，帮助品牌在消费者心中树立起良好的品牌形象，其品牌营销文案设计不仅提高了图片的视觉效果，也加深了消费者对品牌和商品的记忆。

图4-32　品牌营销文案

4.4.5　活动营销文案

　　活动营销文案指品牌和商品开展某项活动时使用的商品文案。活动营销文案的内容一般依据活动的目的而定，如活动目的是提高流量、提高转化率时，活动营销文案一般是偏促销型，主要展示活动的促销情况，以此来吸引消费者的注意力。促销型的活动营销文案要在第一时间吸引消费者的注意力，因此文案设计要醒目吸睛，且易于理解。同时为了刺激消费者参与活动的热情，还要尽可能体现活动的力度，展示活动的优惠，让消费者感觉物超所值，另外还可以适当营造"抢购"的活动气氛，从心理上减少消费者的考虑时间，促使其快速做出决策，购买商品。图4-33所示为促销型活动营销文案，通过优惠券、赠送、限时折扣等文案营造紧张、热烈的活动氛围，促使消费者购买商品。

如果活动目的是打造品牌形象，则活动营销文案类似于品牌文案，一般以与品牌定位相符的文案对品牌进行宣传推广，加深消费者对品牌的印象。

图4-33　活动营销文案

4.4.6　节日营销文案

节日营销文案是利用节日进行促销的文案形式，主要通过营造节日气氛来开展促销活动，常见的中国传统节日、西方重要节日，以及现在的"618""双11""双12"等电商节日等，都可用作节日营销。节日营销文案一般基于节日特点进行写作和设计，如中秋节的节日文案，一般都会向消费者传递团圆、思念等情感，春节一般向消费者传递团聚、喜庆等情感；"双11"等电商节日则主要传递全民、狂欢等情感。图4-34所示为节日营销文案，其中的"献礼挚爱俘获她心""滑动解锁我的心"等文案就主要用于在情人节传递"甜蜜""憧憬"等情感，并将这种情感与商品、节日结合起来，将消费者带入情人节的氛围之中，在带给消费者节日温情的同时，又促进了商品的推广。

图4-34　节日营销文案

4.4.7　新品营销文案

新品营销文案是对新品进行推广时使用的营销文案,可以围绕新品各个方面的内容进行把握和创作。其实很多新品在推广时依然以卖点为主,通过卖点营销文案吸引消费者的注意力。此外,新品营销文案中往往还要强调商品的"新",如在文案中添加"新品上市""9月上新"等内容。新品营销文案是商家推出新品的重要营销手段,新品是否能快速被消费者看到,是否能快速得到消费者的认可,很多时候都依赖于新品文案的设计是否吸引消费者的注意力,因此商家要抓住新品特点,打造出富有特色和辨识度的新品营销文案。图4-35所示的新品文案,就是常见的新品营销文案。

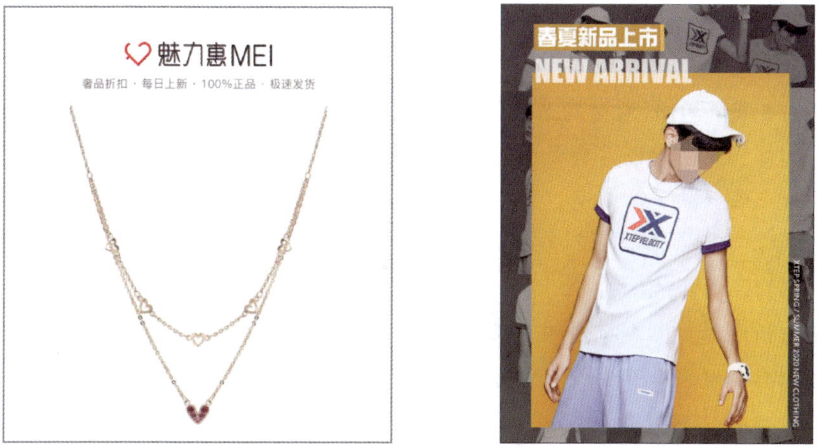

图4-35　新品营销文案

知识补充

电商商品图片文案设计

电商商品图片的文案设计与商品主图文案设计类似,如卖点营销文案、痛点营销文案、情感营销文案、品牌营销文案等设计方法同样适用于商品详情页、商品海报等文案设计。

课堂实训——分析商品主图视觉营销效果

实训目标

本实训要求分析图4-36所示的商品主图,从素材选择、商品主图视觉构图、商品主图卖点展示、商品主图营销文案等多个方面分析其特点和作用。

图4-36　活动营销文案

🔆 实训思路

　　根据实训目标，分别从素材选择、商品主图视觉构图、商品主图卖点展示、商品主图营销文案等方面分析商品主图的视觉营销效果。

- **分析商品主图素材的选择**。该商品主图的图片素材皆以商品本身为视觉中心，拍摄时对图片背景进行了设计，提高了商品主图的视觉美感。图片素材中光线虽然不够明亮，但十分符合茶具商品的定位，可以更好地表现商品的韵味。商品展示角度也可以体现商品本身的美感，同时也十分方便消费者获取商品的外观信息。
- **分析商品主图视觉构图**。商品主图主要采用直线构图法，且根据商品本身的形态合理选择了竖线、横线和对角线，有利于商品的展示。
- **分析商品主图卖点展示**。该商品主图使用了有背景的商品主图样式，借助背景对商品进行了展示和衬托，同时利用背景烘托商品的意境，使其视觉效果更符合商品本身的特点。
- **分析商品主图营销文案**。该商品主图的营销文案为促销型活动营销文案，内容十分简单，以"满送"为利益点，直接展示了活动名称和促销内容。

📈 课后练习

练习1　分析商品主图的构图方式

　　假设要为一款横式的胸针商品设计主图，分析主要可以通过哪些构图方式对商品主图进行展示。

练习2　分析商品主图的展示逻辑

　　假设要展示一款数码相机商品，分析可以在商品主图中展示哪些商品信息，怎么安排这些商品主图的展示顺序。

店铺首页视觉营销

在天猫搜索优衣库、太平鸟、固执、裂帛等女装店铺并进入其首页，会发现这些店铺的首页有着不同的视觉效果和风格，也吸引着不同类型的消费者。

消费者在线下购物时，通常会选择一些装修、摆饰等效果更符合自己的喜好和品味，或者更具有视觉吸引力的店铺，线上购物同样如此。在淘宝、京东等电商平台上，大部分商家都会对店铺首页进行了精心的装修，消费者在进入店铺首页后，可以通过店铺首页的装修快速了解店铺或品牌的风格，判断店铺是否与自己的喜好相符。当消费者对店铺首页产生好感和认同之后，就更可能收藏店铺，成为店铺的潜在的消费者，甚至是忠实消费者。

因此对于商家而言，打造符合店铺定位且被消费者喜欢的店铺首页视觉效果是获取消费者好感的重要步骤，也是电商视觉营销的重要步骤。

学习目标

- 了解影响店铺首页视觉营销效果的数据
- 掌握规划店铺首页的方法
- 掌握规划店招、海报、商品分类等位置的视觉效果的方法

案例展示

全屏海报

优惠券

5.1 店铺首页视觉数据分析

店铺首页是店铺与消费者间接沟通的重要渠道，一个被消费者喜欢的店铺首页视觉设计，可以吸引消费者继续浏览店铺中的商品和其他信息，让消费者在店铺内停留的时间更长，形成流量闭环，大大提高流量转化的概率。店铺首页的视觉效果是为营销服务的，根据店铺定位进行的视觉设计可以达到精准营销的目的，提高营销的效果，因此商家要懂得分析店铺首页的重要数据，更好地把握店铺首页视觉效果的优化方向。

微课视频

店铺首页视觉数据分析

5.1.1 店铺首页视觉设计与转化率

在分析店铺首页视觉设计之前，首先需要考虑一个问题，什么样的消费者会主动访问店铺首页。消费者在电商平台购物时，主要通过商品主图进入商品详情页，在商品详情页中确定购买商品则直接下单，对商品不满意则关掉页面继续搜索其他商品。如果消费者对商品感到满意，但希望浏览更多同类型的商品进行对比时，就可能进入店铺首页挑选其他类似的或更符合自己需求的商品。

从这个购物过程可以看出，店铺首页承载着部分来自其他页面的流量，并负责继续将这些流量引入商品详情页、商品分类页、活动页等店铺中重要的转化页面中。图5-1所示的女装店铺首页，即可以通过导航将消费者引导至"聚划算"等活动页，或"外套风衣"等商品页面，继续往下浏览，还可以将消费者引导至具体的商品页面。

图5-1 女装店铺首页

店铺首页除了发挥流量中转站的作用，其视觉设计还可以树立店铺的形象，让消费者通过店铺首页感知店铺的风格、品质和实力等，加深消费者对店铺的印象和信任。图5-1所示的女装店铺首页，消费者进入店铺即可获知该品牌的商品风格是否与自己的需求相符，同时还会因为良好正规的店铺首页视觉设计对店铺品牌产生一定的信任基础。

不管是将流量引入其他商品页面，还是树立店铺形象，其实都是在对店铺的转化率产生影响，前者有利于将流量引入更符合消费者需求的商品中，提高店铺内其他商品的转化率，后者则针对所有对店铺风格感兴趣的消费者，有利于提高全店铺商品的转化率。当消费者通过店铺首页视觉对店铺产生好感和信任后，还可能直接收藏店铺和商品，成为店铺的潜在客户，使店铺获得主动访问的流量和更多回购客户。当一个店铺拥有一定的新流量，同时可以维护好数量比较稳定的老客户时，平台系统往往会判定该店铺为优质店铺，这也体现了一个店铺稳定、持续的健康运营状态。所以说，对于电商商家而言，店铺首页视觉是优化商品转化率、维护老客户的一种重要途径。

5.1.2　店铺首页视觉设计与客单价

访问店铺首页的消费者，一般是对店铺风格感兴趣的消费者或店铺的老客户，这些消费者的转化率比普通消费者更高，购买店铺内商品的意愿也相对更加强烈。如果商家做好店铺首页的视觉设计及商品推荐，对这类消费者更需求、更喜欢的商品进行重点展示或搭配展示，或者直接在店铺首页运用各种有利于提高客单价的视觉营销方式对消费者进行购物引导，就有可能增加消费者购买商品的件数，从而提高客单价。图5-2所示的首页视觉设计，就对进入店铺首页的消费者进行了视觉引导，让消费者通过"商场同款直降""明星同款""IP合作系列""聚划算"等分类查看更多店内商品，增加消费者购买商品的概率，通过"专区2件再9折"的活动提高消费者购买的件数，从而提高客单价。

图5-2　女装店铺首页分类引导区

5.1.3 影响店铺首页视觉营销效果的因素

店铺首页是店铺的综合展示窗口，既可以展示店铺形象，又可以展示店内活动和商品，店铺首页的视觉呈现效果直接影响着店铺的形象与商品的转化率。商家首先需要对店铺首页的视觉效果进行判断和测试，了解店铺首页视觉效果的好坏，然后才能分别分析影响店铺首页视觉营销效果的因素，并进一步对店铺首页视觉做出优化。

1. 判断店铺首页视觉效果的主要数据

店铺首页的视觉效果是否符合消费者的喜好和需求，是否方便消费者收藏店铺、加购商品，或者跳转至店铺内其他商品页面，一般可以通过以下几个主要的数据反映出来。

- **店铺首页跳失率**。首页跌失率指消费者通过不同的入口进入店铺，但只访问了首页就离开店铺的访问次数占该入口总访问次数的比例。一般来说，新的消费者主要通过商品详情页进入店铺首页，老的消费者则可能通过收藏的店铺、收藏的商品或者直接搜索店铺进入店铺首页。首页跳失率可以直观地反映消费者在首页的浏览体验，跳失率越低，说明店铺首页视觉设计、店铺首页功能等越符合消费者需求，越受消费者欢迎。店铺首页跳失率的判断一般建立在不同行业、不同经营时期等条件之上，判断标准并不是固定的，商家可以通过电商平台提供的数据分析工具分析同类型、同行业的店铺数据，根据平均数据判断店铺的数据情况。

- **店铺首页点击率**。首页点击率指展现在店铺首页页面中的商品被点击的次数占店铺首页展现量的比例，其计算公式为店铺首页点击率=店铺首页点击量÷店铺首页展现量。店铺首页点击率主要用于判断店铺首页中的推广活动、商品是否受消费者的欢迎、是否能够增加推广活动或商品的流量。若店铺首页的主推商品或活动都能获得不错的点击量，则说明该商品或活动能够很好地吸引消费者的注意力；若点击数据表现不好，则商家需要对这部分的内容进行优化，尽量推荐更具人气的商品和更具吸引力的活动。

- **店铺首页人均点击次数**。首页人均点击次数指一段时间内的店铺首页平均点击次数，其计算公式为店铺首页人均点击次数=店铺首页访问次数÷店铺首页访问人数。例如，在9:00～12:00期间，有100个消费者访问了店铺首页，其总访问次数为220次，人均点击次数为：220次÷100人=2.2次/人。店铺首页人均点击次数主要用来判断店铺首页的访客黏度，人均点击次数越多说明消费者越喜欢，越能激发他们浏览店铺首页并进行深入访问。如果店铺首页分类不明确，消费者进入店铺后找不到目标商品，就会失望并离开店铺。因此，导航、商品分类、区块划分等设计对店铺首页人均点击次数的影响较大，商家需要在保证首页整体美观度的前提下，合理规划这些版块，以引导消费者在店内页面之间进行跳转，浏览店铺中的商品以增加访问深度。

- **首页平均停留时间**。首页平均停留时间指店铺首页的访问总时长与访客数量之间的比例，其计算公式为首页平均停留时间＝店铺首页的所有访客的总停留时长÷访客数（单位：秒），其数值的取值范围可以根据需要选择某一时间段内的数据。店铺首页平均停留时间主要用于判断店铺首页是不是能够留住消费者，其值越高，表明消费者停留的时间越长，对店铺的了解越深入，越容易出现消费行为。在查看店铺首页平均停留时间指标时，不能单独地只以时间因素作为衡量标准，可选取对应时间段内的商品销量作为辅助分析因素，通过停留时间与商品销量两个维度的数据来进行比较，以更好地判断出平均停留时间内的商品销量情况。如果停留时间长、商品销量高，说明页面的视觉效果好，受到消费者的认可；如果停留时间长、商品销量低，说明优惠力度、商品详情页等还不够吸引人，需要再进一步优化；如果停留时间短，说明店铺首页视觉效果不佳，不能吸引消费者关注并进行深入访问，需要对店铺首页进行优化。

知识补充

店铺首页视觉评估

通过对以上 4 个主要视觉指标的分析，可以得到店铺首页视觉效果的一个评估结果。总的来说，如果出现跳失率高、点击率低、人均点击次数少、平均停留时间短等情况，说明店铺首页的主题不清晰、页面区域规划混乱，消费者对店铺首页没有好感，商家应该对店铺首页的视觉设计进行优化与调整，以便给消费者带来流畅的视觉体验和购物体验，改善店铺首页在消费者心目中的形象。

2. 影响店铺首页视觉效果的主要因素

在对店铺首页的视觉效果做出测试和评估后，即可分析影响店铺首页视觉效果的主要因素，根据不同情况对店铺首页视觉进行优化。店铺首页作为店铺的流量中转站，主要对消费者起着购物引导的作用，因此商家要对店铺首页具有较强导流作用的板块进行合理规划，提高消费者在店铺首页的浏览体验，给消费者的购物提供更大的便利。一般来说，店铺首页的结构设计是影响消费者首页浏览体验的主要因素，其中店招、导航、前三屏等模块的视觉设计和功能设计对消费者的影响尤为明显。

（1）店铺首页结构

在分析导流模块的视觉效果和实用性之前，先了解店铺首页的整体结构。店铺首页是一个完整的页面，包括页头、内页、页尾3个部分，其中内页又包含若干个不同的功能模块，如图5-3所示，其具体的模块一般根据店铺的实际需要进行安排。

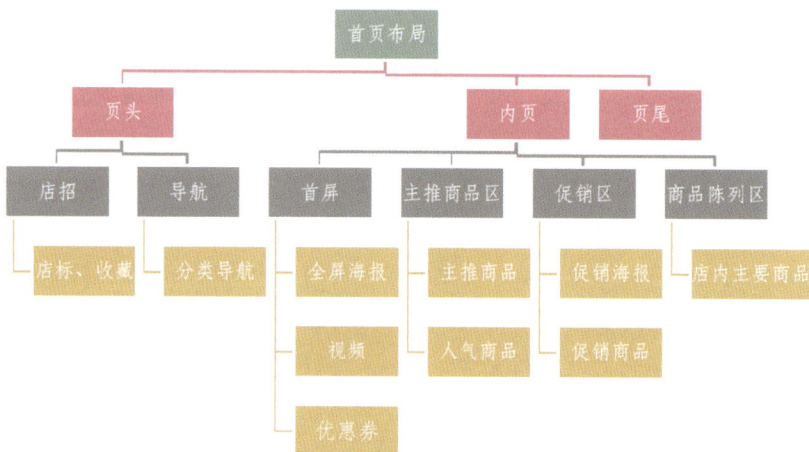

图5-3　店铺首页常规结构

- **页头**。页头包括店招和导航。店招也叫店铺招牌，位于店铺页面的最上方，主要由Logo、店铺名称、少量文案、商品图片、收藏按钮等部分组成。导航条一般位于店招的下方，主要用于对店铺的商品进行分类，方便消费者更好地寻找店铺内的商品。图5-4所示的薯片零食店铺，店招主要包含品牌Logo、品牌名称、商品图片等内容，导航条主要包含"首页""乐事薯片""人气热销""新品上市""进口专区"等内容。

图5-4　店招和导航

- **内页**。内页根据店铺的实际需求，可以设计首屏、主推商品区、促销区、商品陈列区等模块。首屏即PC端或手机端第一屏，一般为全屏海报，部分店铺也会在首屏放置视频内容、展示优惠券信息，首屏主要用于展示店铺形象、主推商品、促销活动等信息。主推商品区即展示店铺主推商品的模块，用于推销店内人气较高、销量较好，或者新上市的商品，有时候客服中心也展示在主推商品区。促销区即展示店铺促销活动的模块，一般包括促销海报、促销商品等内容。商品陈列区展示店铺内的主要商品，方便消费者直接在首页浏览和选购。内页中各个功能板块按照店铺的实际需求进行排列和增减，并没有统一的标准。有些店铺的首页视觉通常为海报和商品的搭配排列，有些店铺的首页视觉则以促销为主。图5-5所示的店铺，左侧店铺首页的内页主要为全屏海报、主推商品区，右侧店铺首页则主要通过海报和商品搭配排列的方式对店铺首页进行布局。

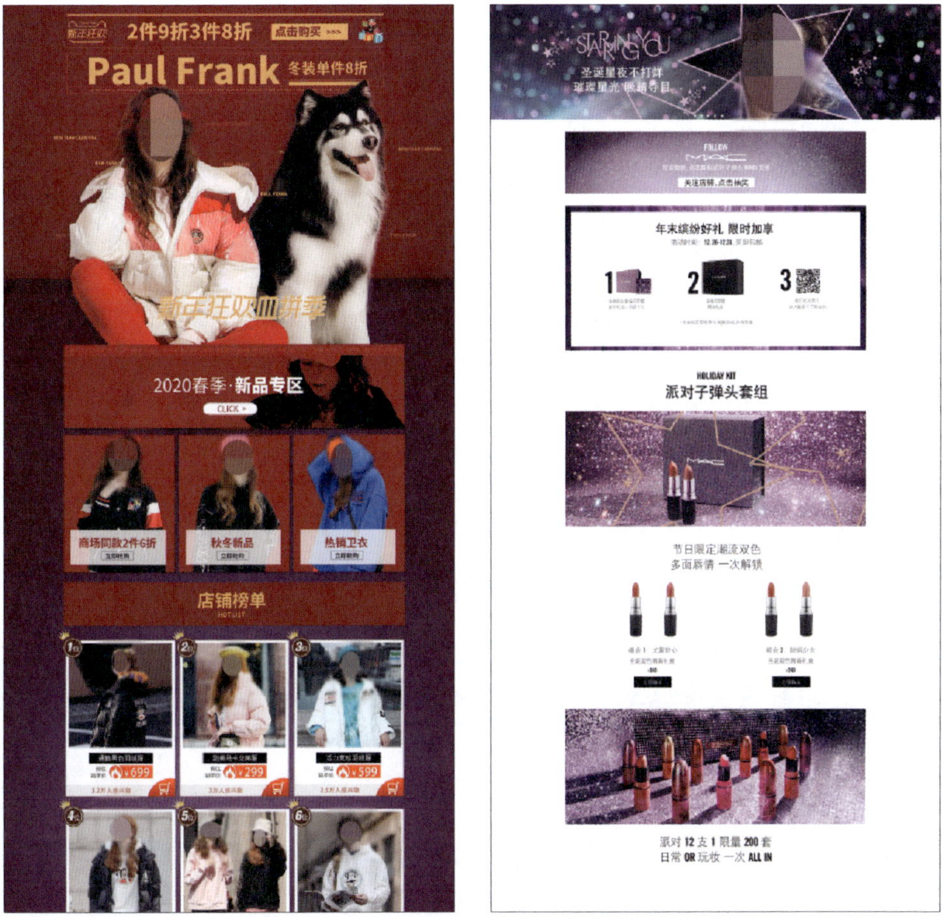

图5-5 第二、三屏的内容

- **页尾**。页尾位于首页的末尾，常以店铺网址、二维码、品牌形象、温馨提示等展示内容为主，也可根据需要添加"返回顶部"模块，方便消费者从头进行浏览。

（2）店招的视觉设计和功能设计

店招是店铺内曝光量最大的模块之一，消费者不管是进入店铺首页还是商品详情页，都可以看到店招。店招的主要作用是突出品牌和商品定位，让消费者清楚店铺主要出售什么商品，同时还可以为消费者提供收藏店铺、跳转到某商品或活动的链接等便利。

为了分析店招内容的导流能力，可使用数据分析工具对其进行分析，如使用淘宝流量纵横分析工具分析店铺首页的点击分布，了解消费者在店招中对哪些内容进行了点击，如消费者对店铺收藏按钮的点击率较高，说明店铺定位做得较好，消费者对店铺比较有好感，愿意收藏店铺。如果店招中内容过多，如包含了收藏、客服、包邮、搜索等多个可单击内容，就要分析每个内容实际发挥的作用，是否方便消费者操作，有没有简化消费者的购物流程，分析后去掉会对消费者产生干扰的元素，保留店招中最有价值的内容，使店招既简洁大方，具有良好的视觉效果，又能恰到好处地对消费者进行购物引导，方便消费者的购物行为。

（3）导航的功能设计

导航在店铺首页起到的作用主要是功能性的，可以帮助消费者快速跳转到所需的商品分类中，缩短消费者的购物路径，提高消费者的购物体验。因此商家应站在消费者的角度，结合自己店铺的商品分类，对导航进行设计。导航的分类应该清晰、准确，且每一个分类都是消费者真实需要的，如某店铺在导航中设置了品牌介绍、购物须知、问题反馈、会员交流等分类，但点击导航进入后却发现该分类并没有发挥应有的作用，对消费者没有起到明显的帮助作用，那么这样的分类就是不合理的。店铺首页的导航设计也可以使用流量纵横分析工具进行分析，查看和分析消费者的点击行为，取消消费者点击较少的分类，设置对消费者购物帮助更大的分类，如将该店铺的导航分类设计为首页、面包类、坚果类、蜜饯类、素食类、肉制品类、收藏店铺等，方便消费者进行选择。

如果对导航分类进行规划后，部分分类的点击量仍旧较少，不受消费者关注，则商家可以重新梳理自己的商品类别，对数据表现不佳的类别进行优化，或者直接砍掉该类商品，专注自己人气较好的商品类别，在细分类目中做到更好。比如，某零食店铺的糕点类商品人气较低，商家就对糕点类商品进行了下架，转而专注自己人气较高的坚果类、蜜饯类等商品。

（4）首页前三屏的视觉设计

首页前三屏视觉设计是指对店铺首页第一、二、三屏的内容进行的重点设计。消费者在关注一个页面时，通常最初关注的信息是最多的，越往下看，关注点会越少，所以店铺首页设计必须把能体现店铺形象的，或者人气较高、销量较好的商品放置在靠前的位置，以吸引消费者的注意力。

店铺首页的首屏要让消费者获取足够多的重要信息，很多店铺首页的首屏基本都是店招、导航、全屏海报等内容，其中全屏海报是消费者浏览首屏时的视觉中心，通过全屏海报的轮换播放，既可以宣传店铺的形象，又可以对主推商品、热门活动等进行分流。

店铺首页的第二、三屏通常会放置主推商品、客服模块、促销区等，具体应根据店铺的实际营销计划安排，如在第二、三屏设置促销模块清理库存，或者设置"上新"模块推销店内新品等。

店铺首页视觉营销效果的优化，从根本上来说就是考虑怎么进行分流，将流量最大限度地引导到商家最希望消费者购买的商品页面中。

店铺首页前三屏是消费者点击最多、分流效果最明显的区域，也是最容易获得消费者好感的区域，将店铺的主推商品安排在这个区域将更有利于商品的销售，另外，当前三屏的内容成功吸引消费者的注意力后，还可以延长消费者在首页的停留时间，增加消费者继续跳转其他页面的概率。

5.2　规划店铺首页视觉

店铺首页是塑造品牌形象并吸引消费者浏览、点击的关键区域，其视觉设计效果直接影响着店铺的转化率和销售额。在进行店铺首页视觉设计时，要对首页视觉进行规范布局，保证首页的视觉效果能够给消费者留下深刻的印象，提高消费者对店铺的好感度，进而优化店铺首页的浏览量、点击率和跳失率等数据，提高店铺的整体销量。

5.2.1　店铺首页视觉定位

店铺风格是对品牌形象、主营商品类型、服务方式等内容的集中体现，是影响消费者对店铺印象的最直接因素。在进行店铺首页视觉设计时一定要综合考虑品牌文化、商品信息、目标消费者、市场环境和季节等因素，以明确自身的品牌定位，做好店铺风格和商品信息的统一。

在进行店铺首页视觉定位时，一般可按照以下步骤进行。

首先，规划店铺首页需用的模块。根据店铺近期的运营要求，对店铺首页的布局进行整体规划，包括需要使用哪些功能模块，模块的数量以及排列等。比如，某店铺近期准备展开促销活动，主推人气商品，同时对库存较多的商品进行促销，那么它就可以将店铺首页设计为店招、导航、全屏海报、热销专区、促销专区等模块。如果该店铺想要打造品牌形象，提高品牌认知度和影响力，则可以设置品牌推广专区，将店铺首页设计为店招、导航、全屏海报、品牌介绍、分类专区、主推商品等模块。

其次，根据店铺的视觉定位和品牌视觉规范确定店铺首页的版式、配色等，如某商品以橙色为主色调，则在店铺首页设计中可以灵活运用橙色进行装修。

最后，确认各个模块的样式、细节和排列方式，让其既具备一定的美感，又方便消费者浏览。在确定模块样式、排列方式时，也可以结合流量纵横分析工具中的数据，分析和测试模块的引导下单转化率，然后选择引导下单转化率更高的模块样式。

图5-6所示的店铺首页，根据日常运营要求在第一、二屏规划了店招、导航、全屏海报、优惠券、分类专区等模块，第三屏则针对新品、人气商品等进行了推

荐。其版式设计为左文案右商品、左商品右文案的交叉排列，页面下方主要使用上商品下文案的排列方式；页面配色以品牌代表色调的蓝、红二色为主，恰当搭配雪花、树木、奶牛等与商品、季节相关的设计元素。不管是在视觉上还是在功能上，都非常方便消费者接受信息和浏览商品。

图5-6　店铺首页视觉定位

5.2.2　店铺首页设计尺寸

主流的电商平台，对店铺首页主要模块的尺寸会进行相应的规定。现在天猫店铺的店招、导航等基本都设计为全屏样式，其中店招尺寸一般为1920像素×120像素，分辨率为72像素，颜色为RGB模式；导航尺寸一般为1920像素×30像素。为了保证店招、导航等信息在不同的显示器中都能正常显示，商家需将店招中的主要内容设置在店招的中间区域，即950像素×120像素区域内，图5-7所示的全屏店招，左侧为留白区域，未设置任何信息。

图5-7　全屏店招尺寸

京东平台上店铺首页的尺寸没有固定的标准，高度可以根据需要自行调整，但必须将全屏显示效果下的宽度设置为1920像素，或者可在统一所有构成元素尺寸的基础上进行自定义设置，但需确保最大宽度不超过1920像素，否则容易造成页面中各版块元素之间的错位，影响页面的最终显示效果。除此之外，店招和导航的尺寸必须为1920像素×110像素或1920像素×40像素。

5.3　规划店招和导航视觉

店招与导航展示在店铺页面的最上方，是店铺形象和风格的代表，其视觉效果可以直接影响消费者对店铺的印象。下面分别介绍店招与导航的视觉设计要点，掌握其设计方法可以更好地树立店铺形象，吸引消费者的注意力。

5.3.1　店招视觉设计

店招即店铺的招牌，在很大程度上构成了消费者对店铺的第一印象。鲜明、有特色的店招对于店铺品牌和商品定位有着不可替代的作用。店招中可以包含文字、图片、形状等视觉设计元素，通过这些元素的组合，可以形成诸如品牌Logo、店铺广告语、促销商品、优惠信息、活动信息等常见的内容，除此之外，也可根据需要添加关注按钮、搜索框、店铺公告以及联系方式等其他内容。需要注意的是，店招的展示范围有限，展示的内容不宜过多，在保证简洁美观的基础上，需要结合店铺现阶段的定位来进行内容的整合。

一般来说，店招主要包括品牌型店招和商品型店招两种。

- **品牌型店招**。以品牌形象展示为主的品牌型店招，在进行视觉设计时主要以店铺名称、品牌Logo、品牌成绩等内容的展示为主，以体现品牌的品质和实力。部分品牌也会在店招中添加收藏店铺、关注店铺等按钮，方便消费者关注店铺，进一步提高品牌的知名度。品牌型店招主要代表品牌的形象，所以更注重视觉效果，图5-8所示为以品牌Logo、品牌名称的展示为主的店招视觉设计。

图5-8　品牌型店招

- **商品型店招**。以商品导购为主的商品型店招，在进行视觉设计时主要以商品信息的展示为主，如商品图片、商品价格和商品主要卖点等，以快速引导消费者进行商品的选购。图5-9所示的店招就主要以商品导购为主，展示了主推新品和简单文案，并以"买1享5"等优惠信息刺激消费者产生购买行为。

图5-9　商品型店招

5.3.2　导航视觉设计

导航是对店铺商品的分类与罗列，是店铺首页导流的主要模块，消费者单击导航条中的相关分类，就可以快速访问对应的页面，因此要重视导航的设计，为消费者的店铺内跳转提供便利。

1. 导航的类型

导航主要分为横排导航与竖排导航两种类型，其中横排导航最为常见，也是大多数商家所选择的一种展示类型，如图5-10所示。横排导航内容安排与店招一致，要将主要信息放置在中间的"安全区域"内，以适应不同浏览器的显示情况。

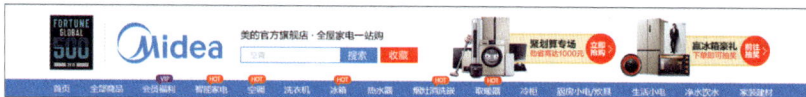

图5-10　横排导航

竖排导航一般与首屏的全屏海报高度一致，展示范围有限，可根据需要作为横排导航的补充，更加详细、全面地进行商品内容的导航，方便消费者进行浏览和跳转。图5-11所示的店铺首页，就同时设计了横排导航和竖排导航，横排导航主要是对店铺内的商品进行的常规分类，竖排导航则以主推商品分类为主，是对横排导航的细化和补充，适合商品类型较多的店铺。

图5-11　横排导航和竖排导航

2．导航的内容规划

导航的内容规划即将店铺中所有的商品按照一定的标准进行分类，方便消费者了解和查找店铺内所有商品，也可按照店铺当前经营目标和推广目标对导航内容进行规划，配合主推商品的销售，将消费者引入相应的推广页面。

导航内容要尽量简单、直接，对于商品类型比较简单的店铺，导航内容应尽量不设置二级子类目，以最直观的方式展示分类，设置二级子类目虽然很详细，但消费者在查看时还要通过鼠标一层一层地点击，无形中给消费者设置了访问屏障，增加了操作的难度，使消费者访问页面的深度受到影响。对于店铺主推的销量、人气较高的商品，商家可以单独做一个商品集合页，将其单独作为一个分类放在导航中，如"热卖爆款""2019秋冬新品"等。图5-12所示的女装店铺的导航，按照商品的主要类型规划导航内容，其中"毛呢大衣""羽绒服"作为当季主要服饰类型，进行了单独的细分，其他裤装、女包、女鞋等则按照一级类目的标准进行常规划分，另外设置了"2019秋冬新品"的分类，对新品进行了集中推广，方便消费者直接浏览。

图5-12 女装店铺的导航

如果店铺商品种类较多，不方便消费者快速筛选时，可以为导航设置二级分类。比如，某家用电器店铺，按照"洗衣机""冰箱""空调""热水器"等商品类型对商品进行了常规划分，但这样的分类不方便消费者快速筛选目标商品，因此又分别对其进行再次划分，如图5-13所示，"冰箱"分类下的商品数量非常多，消费者点击"冰箱"进入分类页面后，难以快速找到自己所需的商品，因此按照"冰箱门体结构""冰箱功能""适用人数"等对冰箱进行了二次分类。

图5-13 导航的二级分类

3．导航的设计原则

导航一般包括店铺首页和其他分类栏目的导入链接，清晰地反映了店铺的核心经营内容，可以帮助消费者快速了解店铺的定位和主营业务。商家在进行店铺导航的设计时，可遵循以下几个原则。

- 导航要与店招的风格和颜色相互呼应，保证视觉效果的统一。
- 导航的长度有限，每个导航栏目的内容要简洁，内容不能太多，否则容易造成栏目内容拥挤，不利于消费者查看。
- 导航中的文字颜色要与背景色形成对比，以方便消费者查看并点击浏览对应的页面。

图5-14所示的导航没有添加任何设计元素，文字与背景的对比十分明显，方便消费者快速识别信息；设计风格与店铺时尚、简约的定位十分符合，与店招视觉效果也十分融洽。导航内容设计符合品牌高端的定位，既对店铺内商品进行了常规分类，又设置了专门的会员分类，体现了会员服务的品质。另外，对上新、折扣等也设置了专门的分类，对店铺内新品和折扣商品进行了推广，方便消费者快速跳转到相应页面。

图5-14　横排导航

5.4　优化全屏海报视觉

全屏海报又叫首焦，主要用于宣传、展示店铺的活动或商品，一般位于导航的下方，是消费者进入店铺首页后首先映入眼帘的画面。全屏海报的视觉效果直接反映着店铺首页的导流能力，直接关系着相关商品的点击率，商家能否将首页的消费者成功引导至其他主推商品或主要活动的页面，与全屏海报的视觉效果息息相关。

微课视频

优化全屏海报视觉

拓展资料

全屏海报的内容构成

5.4.1　全屏海报的视觉主题

全屏海报的设计内容一般依据店铺近期的运营要求而定，如店铺近期需要推广店内人气商品或新品，或者推广店内优惠活动等，就要根据不同的运营目标来设计不同的海报视觉效果。一般来说，全屏海报主要包括商品宣传、主题活动和品牌塑造3种主题。

- **商品宣传**。商品宣传型的全屏海报主要针对单一商品的形象塑造，通过有品质感的海报将商品的价格、外观、功能、特性等卖点传达给消费者，引起消费者的关注，引导消费者点击海报进入商品详情页，深入了解商品。这类海报既适合刚上市的新品，也适合店铺的"爆款"商品，或者店铺当季的主推商品。该主题的视觉表现中心是商品，一般以简约的画面设计为主，常以大幅的图片来展示商品，并配以对应的文案进行说明，如图5-15所示。

图5-15　推广商品的全屏海报

- **主题活动**。主题活动型全屏海报主要针对多个商品或全店铺商品进行推广，要求具备一定的视觉冲击力，且要营造出合适的活动氛围，从而传达营销活动的主题诉求，快速吸引消费者的注意力。图5-16所示为不同主题活动的全屏海报，上图为年终营销活动的全屏海报，下图为上新活动的全屏海报。

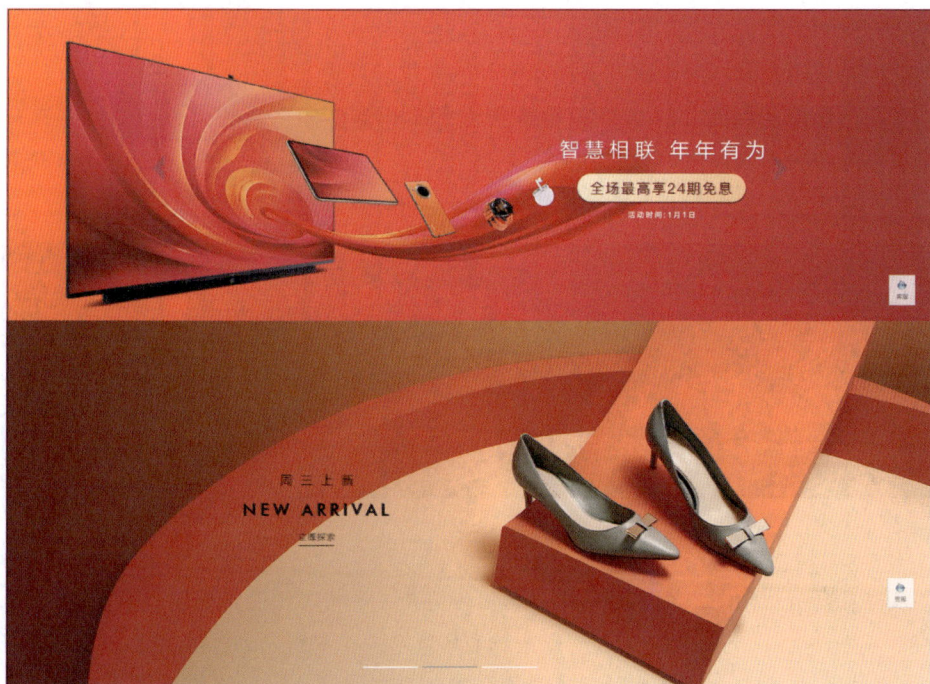

图5-16　推广活动的全屏海报

- **品牌塑造**。品牌塑造型全屏海报主要针对品牌形象进行设计，视觉重点是品牌的推广。在使用全屏海报进行品牌推广时，可以通过个性化的创意设计或品牌识别设计来提高品牌的认知度和影响力，加强消费者对品牌的印象，也可在消费者已经对品牌形成固定印象时，通过全屏海报对品牌信息进行展示，强化消费者对品牌的识别度。图5-17所示的海报，通过品牌名称、宣传标语等进行品牌的推广，强化消费者对品牌的记忆。

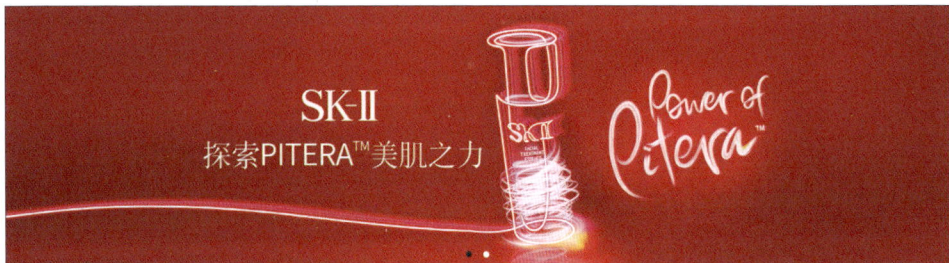

图5-17　推广品牌的全屏海报

5.4.2　全屏海报的视觉构图

　　全屏海报是店铺首页中向消费者传递信息的重要模块，其视觉表现的好坏直接影响着营销效果，好的构图能够让全屏海报的视觉效果更加出彩，下面介绍一些常用的构图技巧，以帮助设计人员提高图片的视觉表现力。

- **三角形式构图**。三角形式构图指将商品和重要信息摆放到一个三角形区域内。三角形构图可以让画面十分稳定，视觉中心突出，便于消费者快速获取图片信息，图5-18所示为三角形式构图的全屏海报。

图5-18　三角形式构图

- **九宫格式构图**。九宫格式构图也称为"井"字构图，是将整体画面分成9格，并产生4个交叉点，交叉点位置即主体商品或主要信息的位置。九宫格式构图可以使画面看起来更加舒适灵活，图5-19所示为九宫格式构图，主要文案信息处于九宫格的交叉点上。

图5-19　九宫格式构图

- **对角线式构图**。对角线式构图指沿着画面中两个对角之间的线条进行构图，可以是直线、曲线、折线等。对角线式构图呈现倾斜模式，可以使画面更有立体感、延伸感和运动感，更有视觉张力。图5-20所示为对角线式构图。

图5-20　对角线式构图

- **中心构图**。中心构图指将商品主体放在画面中间，可以突出主体、平衡画面，且能快速吸引消费者的注意力。图5-21所示为中心构图。
- **紧凑式构图**。紧凑式构图指将商品主体以特写的形式放大以布满画面，使画面饱满紧凑，便于表现局部细节。图5-22所示为紧凑式构图。
- **对称式构图**。对称式构图指将商品主体对称排列，以达到视觉平衡的效果。对称式构图并非追求绝对对称，只要能体现视觉上的安定、均衡、协调、整齐感即可。图5-23所示为对称式构图。

图5-21　中心构图

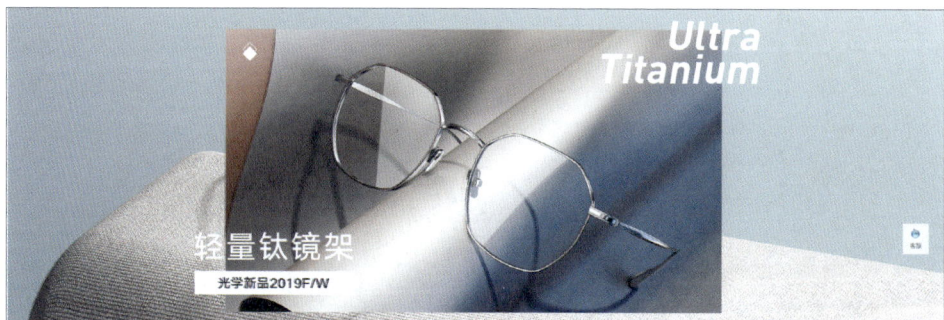

图5-22　紧凑式构图

图5-23　对称式构图

- **垂直构图**。垂直构图通常用于直立物体的构图设计，通过有秩序的垂直排列，与水平线保持稳定的夹角和力的均衡，形成视觉上的秩序感。垂直构图可以表现商品主体挺拔、纤长的特点，图5-24所示为垂直构图。

图5-24 垂直构图

- **X形构图**。X形构图指将商品主体或信息按照X的形式排列，与对角线式构图类似，具有很强的透视感，可以提高画面的表现力和活力。
- **放射式构图**。放射式构图指以商品主体为核心，向四周扩散排列，常用于需要突出商品主体而场面又较复杂的场合，图5-25所示为放射式构图。

图5-25 放射式构图

- **散点式构图**。散点式构图指将商品主体分散形成单独的散点，一般用于数量较多的商品的构图设计，可以形成商品数量丰富的视觉效果。图5-26所示为散点式构图。

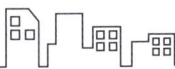

图5-26　散点式构图

5.4.3　全屏海报的信息传达

全屏海报作为店铺首页的视觉焦点，在信息传达上发挥着重要作用。为了对店铺首页流量进行有效的引导，商家需要对全屏海报的信息进行合理传达，从而快速吸引消费者的注意力。在进行全屏海报的视觉传达时，一般需要注意以下几个基本的要素。

- **尺寸**。全屏海报的宽度通常为1920像素，高度则没有具体要求，可根据实际情况自行设计，但需注意应尽量不超出首屏的高度，特别是将多张全屏海报设计为轮播样式进行展示时，当消费者打开店铺首页的第一时间，就可以看到全屏海报中的所有内容。图5-27所示的全屏海报，就刚好显示在电脑的第一屏。部分店铺将首页设计为活动页时，整个页面就是一个完整的视觉整体，此时对首屏的内容展示通常没有具体要求。

图5-27　全屏海报的尺寸

- **视觉效果**。全屏海报是引起消费者兴趣的重要模块，要想通过全屏海报传达重要信息，首先必须让全屏海报具备较强的视觉冲击力，能够在首屏的视觉中显得独特，第一时间吸引消费者的注意力。因此为了对首屏的视觉信息进行分层处理，通常需要灵活运用色彩、版式等设计手段提高全屏海报的视觉效果，同时对店招、导航的视觉效果进行合理弱化，达到凸显全屏海报的目的。如图5-28所示，店招采用了与全屏海报背景类似的颜色，在视觉上成为背景的一部分，整个画面的设计元素和谐融洽，商品、文案等信息突显于背景之上，占据着海报的中心位置，成为消费者的视觉焦点。

图5-28　突显全屏海报视觉效果

- **轮播图片**。轮播图片指将多张全屏海报以轮播的形式在首页展示。全屏轮播图片是动态的，在静态页面中十分显眼，很容易吸引消费者的注意力，达到传达信息的目的。
- **创意图片**。创意图片具有引人注意和引人思考的特点，如果店铺首页的轮播图片具有一定的创意，也可以有效吸引消费者浏览，达到传达信息的目的。

5.5　优化优惠活动区视觉

优惠活动区域主要包括优惠券区和活动区两个部分，用于展示店铺的优惠信息和活动信息。清晰突出的优惠信息可以有效吸引消费者的关注，促使消费者了解并参与活动。

5.5.1　优惠券的视觉优化

优惠券通常展示在全屏海报的下方，当消费者浏览完首屏信息后，继续滚动鼠标往往就会看到优惠券的相关信息，如图5-29所示。

图5-29　优惠券的常见展示位置

1. 优惠券的内容设计

店铺优惠券是一种十分常见的促销手段，也是店铺吸引消费者、提高客单价的一种有效策略。优惠券的内容设计通常包含优惠券的使用范围、使用条件、发放时间、使用时间、使用限制等内容，以帮助消费者快速明确地了解优惠信息和优惠券的使用规则。

- **优惠券的使用范围**。明确优惠券的使用范围，如是全店通用，还是仅仅只能在店内的单款、新品或某系列商品上使用，明确优惠券的使用范围可以起到引导流量走向的作用。
- **优惠券的使用条件**。明确优惠券的使用条件，即使用优惠券应该满足的条件，如全店满499元减30元。该信息是优惠券的主要信息，通常需要进行醒目设计。
- **优惠券的发放时间**。优惠券的发放时间就是消费者领取优惠券的时间，一般在活动预热期间比较常见，如为"双11"活动预热时，限定早上10点、晚上10点定时领取优惠券。
- **优惠券的使用时间**。如果店铺是短期推广，应当限定优惠券的使用日期，如有效期为××年12月10日到××年12月15日。限制使用时间可以让消费者产生过期浪费的心理，从而提高优惠券的使用率。
- **优惠券的使用限制**。明确每位消费者可以领取的优惠券数量或其他限制条件，如"每个ID限用一张优惠券""不可与店内其他优惠券叠加使用"等，规范优惠券的使用限制，可以避免折上折的情况出现，合理控制营销成本。

- **优惠券的最终解释权**。如"优惠券的最终解释权归本店所有"，在一定程度上保留了店铺在法律上的权利，以避免后期活动执行中出现不必要的纠纷。

📢 **知识补充**

> **店铺首页视觉评估**
> 优惠券的内容设计主要涉及以上几个方面的内容，但并不代表以上内容都必须显示在优惠券中，具体信息可以结合活动区域进行展示，或者在优惠券下方通过小字进行提醒。

2. 优惠券的视觉设计

优惠券的视觉设计通常比较简洁直接，在与店铺首页整体设计风格相符的基础上，尽可能直观地展示优惠力度，视觉设计一般可遵循以下几个基本设计原则。

- 设计精简，不要添加任何与优惠内容无关的信息，同时避免信息重复。
- 优惠券的优惠力度是决定消费者使用优惠券意愿的主要因素，因此优惠面值的展示一般需在优惠券中占据最大板面，以快速吸引消费者的注意力。
- 优惠券可以使用统一的模板，保证其视觉风格的统一，同时也可以使消费者的注意力放在主要的优惠信息上。

图5-30所示的优惠券，视觉设计十分简单，与首页整体视觉效果相符，内容简洁精练，优惠面值是整个优惠券区域最醒目的信息，模板统一，不会分散消费者的注意力，突显了优惠信息，很好地体现了优惠券的功能。

图5-30　优惠券的视觉设计

5.5.2　活动区域的视觉优化

当商家需对店铺内的某部分或全部商品进行促销时，通常会在店铺首页设置专门的活动区域，将参与该活动的商品集合在一起，结合各种视觉营销手段引导消费者点击，进入促销活动页面浏览与选购商品。

活动专区在店铺首页中十分常见，通常位于店铺首页的前三屏中，可以与优惠券放在一起，也可在全屏海报下方单独设置活动专区。图5-31所示为某洗护店铺首页的活动专区。

图5-31　店铺首页的活动专区

1. 活动专区的内容设计

活动专区通常根据店铺的营销策略来进行设计，一般主要体现以下几方面的内容。

- **活动主题**。通过简单、直观的文案告诉消费者，这个活动的主题是什么，如赠品、会员折扣、半价等，以吸引对活动感兴趣的消费者的关注。
- **优惠情况**。活动专区应该直观地展示活动带给消费者的具体利益点，即具体的优惠情况。活动优惠力度与消费者的购买行为直接相关，一般优惠力度越大，消费者的购买意愿越高。因此商家在活动专区中要明确说明打折或让利的幅度。活动优惠力度可以结合具体营销策略及品牌定位来定，如很少进行打折活动的口碑品牌，一般不会设置较大的优惠力度，频繁的低价折扣营销反而不利于品牌形象的维护。
- **活动时间**。端午、国庆、元旦、春节等节假日，"双11""双12"等电商大促节日都是店铺开展活动的高峰时期。此外，商家还可根据营销策略开展清仓、会员回馈等活动。不管是什么时候的活动，都应该在活动专区说明活动时间、活动期限等。一般来说，活动时间不能太长，短期活动、限时活动有利于营造活动紧迫感，刺激消费者快速做出购买决策。

- **活动规则**。根据营销策略，设置相关的活动规则，包括优惠券使用规则、限时抢购规则、折扣规则、满减规则、抽奖规则等。

图5-32所示的活动专区，活动主题为"全场满赠"，明确告诉消费者实付一定金额后即可赠送价值多少的商品，将活动优惠力度直观地展示给消费者。说明了活动规则——"满赠不叠加"；同时，规定了活动时间——"1月6日0-1点"。这样，让有消费需求的消费者在活动时间内下单购买。

图5-32　活动专区内容设计

2. 活动专区的视觉设计

活动专区视觉设计的重点是传达活动信息，然后结合活动商品图片、活动文案、促销价格等对活动专区的颜色、排版等进行设计。活动专区的视觉设计以店铺首页整体视觉定位为基准，同时依据具体的营销要求进行合理布局。

比如，某活动专区需要营造活动氛围，那么活动专区可以灵活运用各种设计元素打造营销视觉。图5-33所示的活动专区，以橙、红等暖色为主色调，结合祥云、烟花等视觉元素营造"新年"的氛围，排版平衡对称，符合消费者的视觉习惯，整体视觉设计既对活动时间、活动主题等进行了呈现，同时又使用各种营销元素刺激了消费者，直观地表现了热烈的营销氛围。

如果某活动专区需要体现品牌的形象和格调，那么视觉设计可以使用具有明显特征的品牌元素，或使其符合品牌视觉识别规范。图5-34所示的活动专区，为了符合新年营销活动的氛围，在设计上使用了云纹、红色等典型的节日营销设计元素，突出显示了整个活动区域。但从整体视觉效果上看，其视觉设计元素不同于营销型视觉，画面十分简洁，与时尚、流行的品牌风格十分契合。活动专区的排版、文案设计等，也遵循简洁大方的原则，整体视觉既统一和谐、与品牌相符，又能恰到好处地体现活动信息，吸引消费者的注意力。

图5-33 营销型活动视觉设计　　　　图5-34 品牌型活动视觉设计

5.6 优化商品展示区视觉

商品展示区是店铺首页的主要区域，通常是按照一定的视觉设计手法和店铺经营策略来对店铺内的商品进行展示，方便消费者浏览和购买。商品展示区一般包括商品分类区、主推商品区、商品陈列区等部分，具体的组成样式需根据店铺的实际推广情况进行规划。合理地进行商品陈列展示设计，可以帮助商家更好地展示商品、提高销售量。

5.6.1 商品分类区

商品分类区即对店铺内的商品进行分类的区域，其功能与导航类似，但视觉上的引导效果更加直观。商品分类区一般位于店铺首页的前三屏中，图5-35所示的商品分类区即位于活动专区之下。

在店铺首页设置商品分类区是为了方便消费者通过店铺首页快速找到符合自己需求的商品，一般在店铺商品种类比较丰富的情况下使用。商品分类区的内容设计比较自由，可以根据店铺商品属性而定，如按照店铺商品的固有属性、适用人群、使用场景等进行分类，也可以按照商品适用人群进行分类。图5-36所示的美妆店铺首页就是根据妆容风格来对商品进行分类，如打造"埃及风"妆容的商品、打造"毕加索风"妆容的商品等。

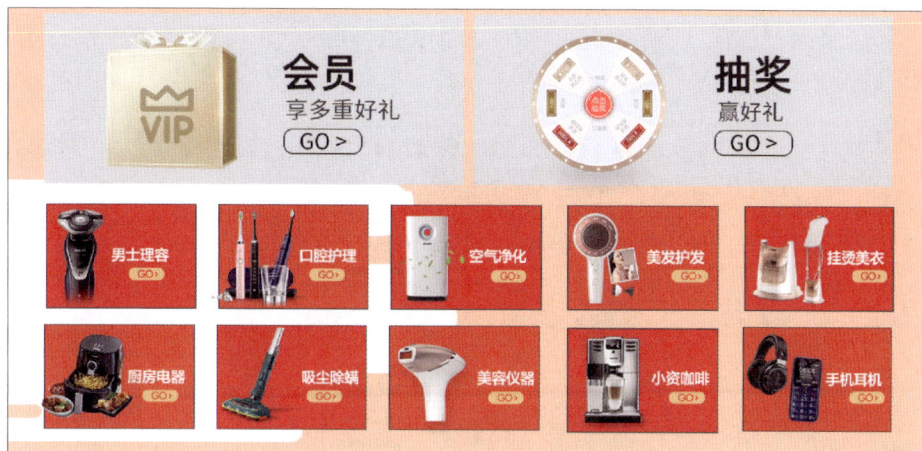

图5-35　商品分类区

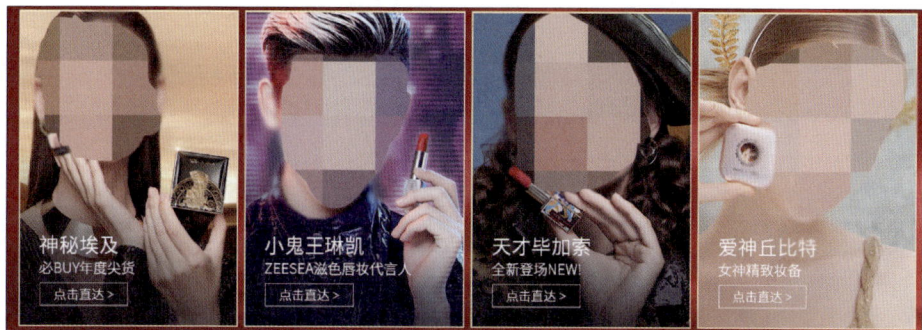

图5-36　根据妆容风格分类商品

此外，店铺首页的商品分类可以是对全店铺商品的分类，也可以是对首页展示的商品的分类。在对首页展示的商品进行分类时，很多店铺也会设计悬浮分类列表的形式，消费者点击列表中的分类即可快速跳转至该类商品所在的位置，而滑动鼠标浏览页面时，悬浮列表会跟随页面一起滑动，无论消费者浏览到页面的什么位置，都可以通过该列表进行跳转，这样可以节省消费者的浏览时间，优化消费者的购物体验。

商品分类区的视觉设计比较自由，只要在遵循视觉统一的前提下，用简单易懂的图标、图片、文字等进行搭配，方便消费者清晰、直观地获取分类信息，并起到良好的视觉引导作用即可。

拓展资料

常见商品分类样式

5.6.2 主推商品区

主推商品区是指店铺中展示当前重点推广的商品的区域，这类主推商品一般都是店铺的“爆款”商品，具有较强的竞争力，能持续引入流量，带动销量。图5-37所示为主推商品的常见展示形式，可用单张海报进行推广，也可搭配文案、图片等排版后进行组合推广。

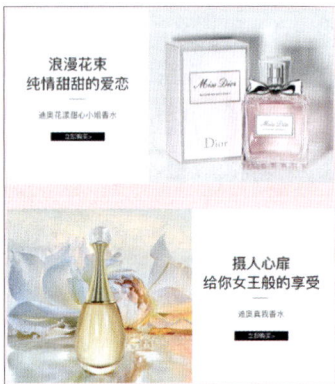

图5-37　主推商品展示

主推商品区的视觉设计与主推商品的数量有着直接的关系。一般来说，主推商品的数量不多，其展示形式可结合相关运营数据来定，如使用淘宝的流量纵横分析工具，分析店铺首页主推商品的点击率、引导下单转化率、引导支付转化率、引导下单买家数等，如图5-38所示。根据该数据可以分析主推商品的展示方式是否具有良好的引导作用，然后设计消费者更愿意接受、更喜爱的展示方式。比如，某商品使用双排列表展示时的引导下单转化率为7.5%，使用单排列表展示时的引导下单转化率为14.7%，那么在展示主推商品时，则应该采用单排列表的展示方式，对店铺首页流量进行更有效的引导转化。

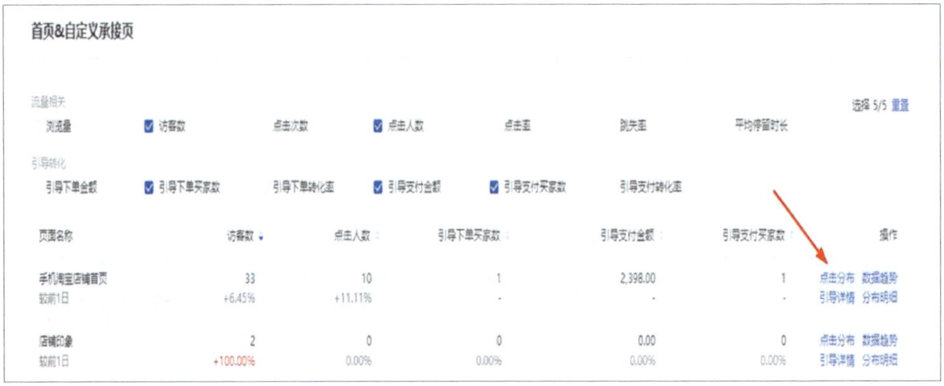
首页&自定义承接页

流量相关　选择 5/5 重置
浏览量　访客数　点击次数　点击人数　点击率　跳失率　平均停留时长

引导转化
引导下单金额　引导下单买家数　引导下单转化率　引导支付金额　引导支付买家数　引导支付转化率

页面名称	访客数	点击人数	引导下单买家数	引导支付金额	引导支付买家数	操作
手机淘宝店铺首页 较前1日	33 +6.45%	10 +11.11%	1 -	2,398.00 -	1 -	点击分布 数据趋势 引导详情 分布明细
店铺印象 较前1日	2 +100.00%	0 0.00%	0 0.00%	0.00 0.00%	0 0.00%	点击分布 数据趋势 引导详情 分布明细

图5-38　店铺首页数据

知识补充

店铺首页点击分布

　　在流量纵横的店铺首页分析页面中点击"点击分布"超链接，还可以查看店铺首页中不同区域的点击情况，了解消费者点击最多的区域和流量引导作用更明显的区域。

　　另外，主推商品区的视觉设计还可以根据店铺首页的视觉风格、品牌的视觉风格而定。如图5-39所示，在使用单排展示的基础上，巧妙运用品牌颜色和品牌元素，既展示了商品，又强化了品牌印象，达到了推广品牌的目的。

图5-39　根据品牌风格展示主推商品

　　在展示主推商品时，可以商品本身作为信息传达点，也可以营销信息作为信息传达点，不管是突出哪个方面的信息，其目的都是快速吸引消费者的注意力，刺激其点击商品，因此设计人员首先应该保持与营销人员的良好沟通，了解主推商品类型、商品数量、商品定位和商品卖点，以在设计过程中更好地安排商品的布局、顺序、价格和折扣等信息，更有效地吸引消费者关注。

5.6.3　商品陈列区

　　商品陈列区即店铺首页中规范展示店内商品的区域。店铺的品牌商品、主推商品基本占据了首页前三屏的黄金位置，因此商品陈列区往往只能放置在页面靠后的区域，图5-40所示为常见商品陈列区样式。

图5-40　商品陈列区展示

暗装底盒   10U弱电箱   遨游旅行插座

图5-40　商品陈列区展示（续）

1. 商品陈列的原则

商品陈列区通常需要展示很多商品，商家可以通过不同的视觉传达方式，在保证美观性的前提下，更好地将商品信息传递给消费者，调动消费者的购买欲望。在进行店铺首页商品陈列展示时，可以按照以下一些原则进行页面布局，以提高信息的展示效率和消费者的浏览体验。

- 在进行商品图片的陈列展示时，要统一商品的展示风格，通过整洁、简单的排列给消费者轻松、舒适的视觉体验，图5-41所示为整齐、统一的商品陈列风格。

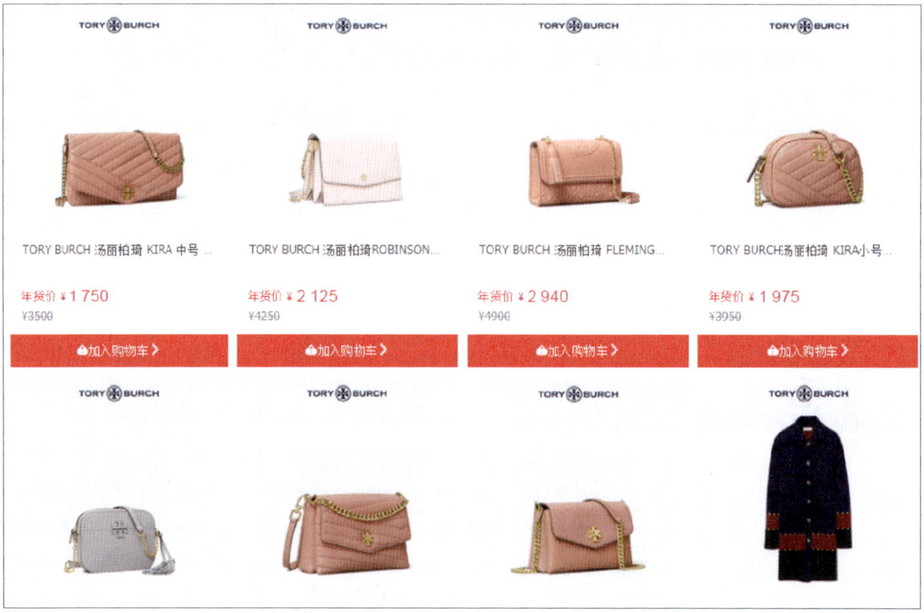

图5-41　整齐、统一的商品陈列

- 一横排中陈列的商品不能过多，避免过多的商品信息给消费者带来不好的浏览体验。
- 一成不变的排版方式和信息陈列方式容易形成死板的视觉风格，造成消费者的审美疲劳，因此可以在整齐、统一的基础上调整商品陈列区的排版方式，以增加视觉展现的节奏感。

- 商品陈列时也应该遵守主次关系，将重要的商品放在页面的前端展示，次要的商品则靠后展示。同时，也可通过划分区域面积的大小来体现商品的主次，图5-42所示为通过区域面积的大小体现商品陈列的主次顺序。

图5-42 区分主次的商品陈列

- 展示区域的模块应该界限清晰，描述清晰，陈列的图片既要保持美观，又要清晰表达商品特征。商品作为展示主角，应该占据图片的大部分空间，同时还要注意商品的展示角度和商品特征的体现，精准表达商品的卖点。图5-43所示的鞋类商品陈列，商品外观和价格是影响消费者购物决策的主要因素，因此选择了恰当的角度展示商品外观，同时对价格、折扣等信息进行展示，吸引消费者关注并促使其产生购买行为。

图5-43 突出图片陈列的重点

- 商品陈列中可以巧用文字和数据，来影响消费者的消费决策，如商品的浏览量、收藏量、评价数量、价格、优惠等。同时还可以在商品陈列设计中加入关联营销的因素，将联系比较紧密的商品展示在一起，从而增加消费者选购的概率。图5-44所示的商品陈列展示，在同一模块中展示的商品风格类似，方便消费者有计划、有目标地挑选商品。

图5-44　图片陈列中的关联营销

2. 商品陈列的布局方式

商品陈列的布局影响着页面的最终呈现效果，具体布局方式可依据店铺的实际运营情况而定，如店铺内商品较少，或者想要推广的商品较少时，可以采用主图推广的方式对商品进行陈列，即每一个商品都使用较大的区域来进行展示。图5-45所示的商品陈列就是主推商品式的陈列方式。很多服饰、鞋包等以外观展示为主的店铺首页和商品数量不多的店铺首页多采用该布局方式，这种布局方式具有更加突出商品信息的特点，便于传达信息，也方便消费者快速接收信息，同时可以提高页面整体的美观度，有效增加消费者在页面中的停留时长。

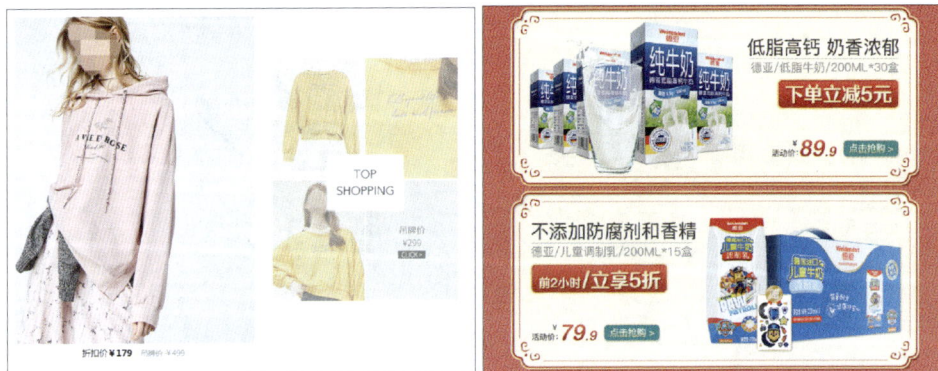

图5-45　主推商品式的陈列方式

当需要展示的商品数量较多时，多使用常规的陈列方式展示商品，如图5-46所示。这种展示方式没有明显的视觉特点，整体视觉比较和谐统一，对消费者的吸引力也相对较弱。因此，为了提高页面整体的视觉效果，降低消费者的视觉疲劳，可对商品的排列方式进行设计，增加页面的灵动性，如图5-47所示。同时也可以通过一些设计元素，对商品排列进行趣味性的设计，增加消费者浏览的积极性，很多活动页面多使用该方式对商品进行陈列。

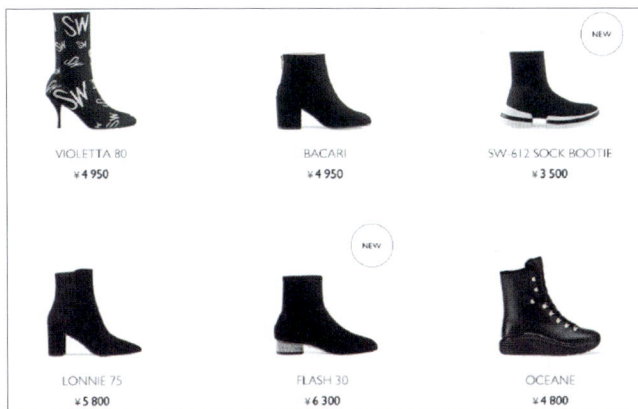

图5-46　常规商品陈列

图5-47　商品陈列布局设计

当然，商品陈列区的布局还要依据商品的属性而定。主要以外观吸引消费者注意力的商品，商品陈列区的设计往往追求视觉上的美感，展示时经常会运用一些设计元素。而以商品实际的功能吸引消费者注意力的商品，商品陈列区的设计元素运用相对较少，主要突出商品的实用功能等信息。

知识补充

店铺首页各区域的设置原则

店铺首页的商品分类、主推商品、商品陈列等区域并不存在明显的界限，不必进行明确的划分，可以根据店铺的实际运营需求来确定，只要具有美感，同时可以发挥引流、导流的作用即可。

5.7 优化页尾视觉

好的页尾视觉可以增加店铺吸引力和收藏率，提高店铺销量。页尾的内容设计比较灵活，主要包括店铺底部导航、返回顶部的文字或按钮、收藏店铺、分享店铺、客服服务、温馨提示等内容。页尾视觉设计与其他模块一样，建立在店铺首页设计风格和主题的基础上，页尾的内容设计则可以根据实际情况添加相关引导文案和服务内容。

- **店铺底部导航**。在页面底部添加导航，可以增加消费者再次浏览分类页面的概率，进一步增强消费者对商品品类的印象。
- **返回顶部的文字或按钮**。当店铺首页内容较多时，添加返回顶部的文字或按钮可帮助消费者快速跳转到页面顶部，重新浏览感兴趣的区域，选择合适的商品。
- **收藏、分享店铺**。在页尾添加收藏与分享店铺的链接，可以方便消费者快速收藏或分享店铺，尽量留住消费者。
- **客服服务**。通过文字和图标向消费者展示客服服务的时间、接待人员，以引导消费者咨询客服，解决购物中遇到的问题。
- **温馨提示**。包括发货须知、色差、退换货、快递和购物流程等信息，以帮助消费者快速了解信息，提高自主下单率。
- **品牌信息**。在页尾展示品牌信息可以在一定程度上打消消费者对品牌或商品的顾虑，提高对品牌的信任度，也有利于店铺进一步传播品牌形象。

课堂实训——分析女装店铺首页风格和布局

实训目标

本实训要求分析图5-48所示的"七格格"女装店铺首页部分区域的展示效果，分析其导航、全屏海报、活动专区、商品展示区和页尾的视觉效果。

图5-48　女装店铺首页部分区域视觉效果

实训思路

根据实训目标，分别从导航、全屏海报、活动专区、商品展示区和页尾等方面分析首页的视觉效果。

- **分析导航**。导航的视觉效果围绕"年货节"的活动主题设计，风格比较简洁，活动、品牌、优惠是导航主要传达的信息。
- **分析全屏海报**。全屏海报为活动类型的海报，在坚持品牌"时尚""潮流"风格定位的基础上，对"年货节"活动信息进行了传达。
- **分析活动专区**。活动区和优惠券区位于首页第二屏，可以有效吸引消费者的注意力，提高转化率。
- **分析商品展示区**。商品展示区采用常规的展示方式，突出商品的外观和价格。
- **分析页尾**。页尾设计了不同样式的商品分类，方便消费者继续跳转浏览，同时对品牌和活动信息进行了展示，加深消费者对品牌和活动的印象。

📈 课后练习

练习1　分析导航视觉

假设有一家品牌箱包店铺，分析其日常导航设计、活动期导航设计的不同，简单说明其视觉设计重点想要传达的信息。

练习2　分析数码商品店铺首页视觉

在天猫平台找一家数码商品店铺，简单分析该店铺首页的导航、全屏海报、活动专区、商品陈列区、商品分类区和页尾等区域的视觉特点。

第6章 商品详情页视觉营销

案例导入

某淘宝商家在展示商品时，在商品详情页开头的黄金位置放置了大量的买家好评，设置了大量的关联推荐，结果店铺数据表现很好，消费者的页面停留时间平均都较长。但有些商家在商品详情页开头位置放置好评时，店铺数据表现却一般，消费者迟迟无法看到自己想看的商品信息，很快就失去了继续浏览的兴趣，并关闭了页面。

从消费者的角度来看，商品详情页是他们获取商品信息的主要渠道，能不能在浏览商品详情页的第一眼就获取到感兴趣的内容，是决定他们是否继续浏览该商品详情页的关键。

从电商运营的角度来看，商品详情页是视觉设计的重中之重，绝大部分的消费者都是在浏览商品详情页时做出购买决策的，主图、活动页、店铺首页等位置引来的流量，几乎都是在商品详情页中完成最终转化的。因此商家必须了解影响商品详情页视觉营销效果的因素，对商品详情页做好视觉优化，从而提高商品的转化率和店铺的销量。

学习目标

- 了解分析商品详情页数据的方法
- 掌握规划商品详情页页面的方法
- 掌握优化商品详情页图片的方法
- 掌握优化商品详情页营销效果的方法

案例展示

 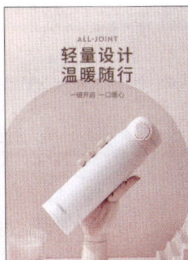 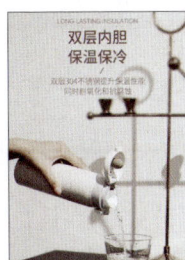 

首焦图　　　　　　　　　　　　　　卖点图

6.1 商品详情页视觉数据分析

商品详情页是线上店铺和消费者联系最紧密的页面，商品详情页的设计会直接对消费者的购买行为产生影响。不管是商品日常销售，还是打造店内“爆款”，商品详情页的转化都起着非常关键的作用。因此，商家必须懂得总结和分析商品详情页的数据，制作出更能打动消费者、更能促使消费者下单的商品详情页。

6.1.1 商品详情页视觉与转化率

简单分析一下线上店铺的流量路径，就会发现当电商运营人员通过各种视觉手段引起消费者的关注，为商品引入有效的流量之后，只是实现了商品的初步引流，如果想实现销售商品、获取利润的最终目的，还必须让这些流量变成真正有效的流量，也就是使流量完成转化，带来成交。

商品主图、商品标题关键词等在商品引流阶段发挥着重要的作用，而商品详情页则担负着将流量变成销量的重任。商品详情页是提高商品转化率的重要页面，商品详情页的视觉营销效果与商品转化率直接相关。视觉营销信息传达得更好、更准确，更符合消费者需求的商品详情页，便可以轻松打消消费者的消费顾虑，树立消费者对商品的信任，并激发消费者的购买欲望。可以说，商品详情页是决定主图、活动页、店铺首页，甚至广告推广页面中的流量能够顺利转化的关键页面，优秀的商品详情页可以有效提高商品的转化率，而如果流量进入商品详情页后没有产生一定的转化，或转化远低于同行业其他店铺的商品，淘宝等电商平台系统就会降低对该商品详情页的评价，将其判断为消费者不喜欢的商品，从而降低商品的排名，甚至减少为商品分配的展现量和流量。

商品详情页的视觉营销效果体现在商品转化率数据上，商品的转化率数据可以通过电商平台数据分析工具进行分析，如通过生意参谋查看淘宝店铺某商品的转化率，并与同行同层平均转化、同行同层优秀转化进行对比，就可以了解商品转化的基本情况，也可使用流量纵横等付费工具了解更详细的商品详情页流量情况。图6-1所示为使用生意参谋查看某店铺商品的支付转化率情况。

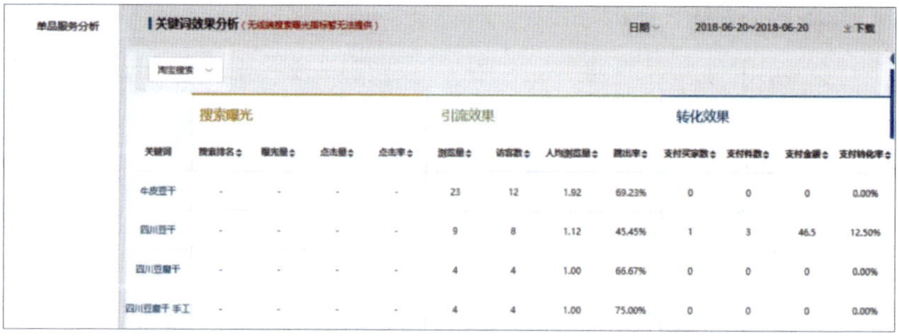

关键词	搜索排名	曝光量	点击量	点击率	浏览量	访客数	人均浏览量	跳出率	支付买家数	支付件数	支付金额	支付转化率
牛皮豆干	-	-	-	-	23	12	1.92	69.23%	0	0	0	0.00%
四川豆干	-	-	-	-	9	8	1.12	45.45%	1	3	46.5	12.50%
四川豆腐干	-	-	-	-	4	4	1.00	66.67%	0	0	0	0.00%
四川豆腐干 手工	-	-	-	-	4	4	1.00	75.00%	0	0	0	0.00%

图6-1　查看某店铺商品的支付转化率

影响商品转化率的因素

　　影响商品转化率的因素比较多，商品图片视觉设计、商品价格、商品属性、商品促销导购信息、商品描述、商品评价等都会对商品转化率产生影响，商家可以根据需求对其进行展示，丰富商品详情页的信息，提高商品转化率。

6.1.2　评估商品详情页视觉营销效果的主要数据

　　商品详情页是线上店铺的重要转化页面，作为线上店铺的商家或运营人员，必须懂得通过主要数据判断商品详情页的营销效果，了解其优势和不足，才能有针对性地进行优化和改进。一般来说，可通过以下几个主要数据对商品详情页的视觉营销质量进行判断。

1. 跳失率

　　商品详情页跳失率是指在统计日期内，从商品详情页跳出的访客数与商品总访客数之比。进入商品详情页的消费者，大多是对商品产生了一定的兴趣。当消费者进入商品详情页后，如果没有获取所需的商品信息，或者没有较好的购物体验，就可能直接离开商品详情页，转而寻找其他商品，从而形成流量的跳失。因此从运营的角度看，消费者进入商品详情页后未进行任何收藏、加入购物车、下单等购物行为就跳失的数值越大，就说明商品详情页的内容对消费者的吸引力越低，营销效果就越差。

　　不同行业的商品，其跳失率数据的表现一般不同，商家要分析商品具体的跳失率情况，需要和同行业、同类型的商品进行对比。如图6-2所示，某商品详情页跳失率为57.24%，同行优秀跳失率为56.25%，说明该商品的跳失率数据正常，进入商品详情页的消费者通常会产生稳定比例的成交。也可以选择"同行平均"，查看同行平均跳失率，如果店内商品的跳失率高于同行平均跳失率，则商家需要对商品详情页进行分析和优化，以提高商品详情页对消费者的吸引力。

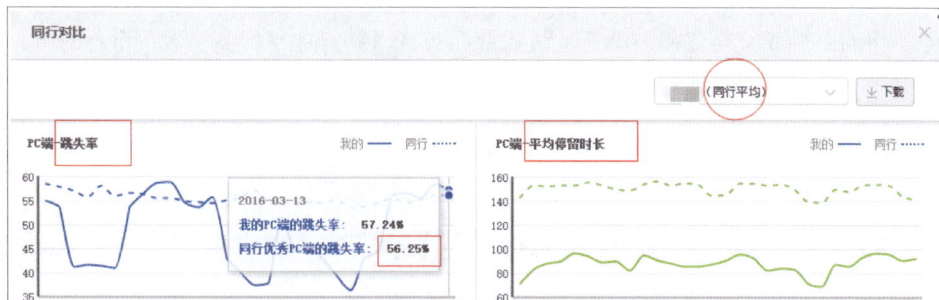

图6-2　跳失率数据分析

2. 平均停留时长

商品详情页的平均停留时长即消费者进入商品详情页后浏览商品所花费的平均时间。平均停留时长是体现商品详情页吸引力的重要数据，商品详情页的主要作用是说服消费者购买商品，消费者进入商品详情页后停留的时间越久，表示其浏览的信息越多，被说服购买商品的可能性就越大，做出消费决策的概率就越高。

平均停留时长的数据一般要结合商品转化率、页面打开时间等一起分析。若页面平均停留时间低于页面打开时长，则说明消费者还未查看到相关商品信息时，就因为页面打开速度过慢而离开页面；或者消费者刚开始浏览商品信息，就已经对商品失去了兴趣，从而离开页面。前者是因购物体验较差造成了流量的跳失，后者则可能是商品定位不精准、页面风格不受消费者欢迎等多种原因造成的。

如果消费者在商品详情页停留的时间较长，且商品的转化率数据也表现正常，则说明消费者在该页面中找到了所需的信息，商品详情页对消费者起到了较好的吸引和引导作用。

商家可通过相关数据分析工具进行分析和查看商品详情页平均停留时长，也可将其与同行业同类型的数据进行对比，再结合消费者在商品详情页的浏览和点击行为，判断是否需要对商品详情页进行优化，以及对商品详情页的什么区域、什么内容进行优化。

3. 成交转化率

商品详情页的成交转化率即该商品的流量与成交量之比。商品详情页的成交转化率是体现商品流量转化的最直观的数据，当消费者浏览了商品详情页的内容，对商品产生兴趣并做出购买行为时，即实现了流量的转化。商品的成交转化率越高，说明该商品的目标消费人群定位越精准，商品详情页的视觉营销效果越好，对消费者的吸引和引导作用越大。

商品的成交转化率应该基于一定数量的流量和成交量进行分析，也就是说，在一段时期内，商品的流量和成交量数据越大，成交转化率的数据有效性就越高，反之，商品流量较少，此时根据成交量数据分析成交转化率，则不具备太多的参考意义。比如，商品流量为10，成交量为1，商品的成交转化率为10%，这个数据往往不能作为该商品的真实成交转化率。

将商品的成交转化率与同行业优秀商品数据、同行业平均商品数据进行对比，可以判断商品详情页的质量。当商品成交转化率低于同行平均数据时，商家就应该分析原因，对商品详情页进行优化。

除了上面介绍的跳失率、平均停留时长、成交转化率等主要数据，商家还可结合商品收藏率、购物车使用率、加购率等数据对商品详情页的视觉营销效果进行评估和判断。在进行评估时，要结合数据工具的统计结果，有目的性地对问题数据进行分析，然后结合商品详情页的实际情况进行优化，提高商品详情页的视觉营销效果。

6.2 规划商品详情页页面

商品详情页是刺激消费者下单的重要页面，从商家的角度看，刺激消费者购买是商品详情页的首要任务，而要实现这一目的，必须了解商品详情页的页面规划逻辑，通过有逻辑的视觉展示循序渐进地影响消费者，引起消费者的兴趣，打消消费者的顾虑，一步一步地促使其消费。

6.2.1 商品详情页的风格定位

商品详情页的视觉设计风格是影响消费者购买行为的首要因素，消费者进入商品详情页时，第一时间看到的往往不是商品信息，而是整个页面展现的视觉设计风格，恰当的商品详情页风格可以提升商品的格调，提高消费者对商品的好感，从而提高商品成交的概率。与店铺内其他页面、其他图片的视觉设计一样，商品详情页的视觉设计风格定位依然是基于品牌、基于整个店铺的设计风格、基于目标消费者的喜好，再结合商品本身的风格、特点确定的。

图6-3所示的茶具商品，主要面向对传统茶艺感兴趣的年轻消费人群，因此其商品详情页的视觉设计风格就选取了与商品本身意境相匹配的元素，图片风格、颜色搭配、字体设计、背景选择等都统一传递出一种古朴雅致之感，既符合目标消费人群对茶具商品的理解和想象，又符合目标消费人群的普遍审美。因此，在消费者打开商品详情页的瞬间就与消费者建立起了情感上的连接，使消费者快速对商品产生记忆点，甚至产生好感，从而吸引消费者继续浏览。

图6-3 茶具商品详情页

商品详情页的视觉设计风格可以基于品牌视觉来定位，但视觉风格呈现依然要以商品本身的特点为主，也就是围绕商品本身进行视觉设计，再适当体现品牌视觉。围绕商品本身进行视觉定位时，可以最大化地体现商品的美感，提高商品的视觉表现力，满足消费者对商品的心理期待，达到说服消费者购买的目的。比如，很多糖果、巧克力等商品，在进行它们的商品详情页的视觉设计时，颜色、背景、搭配设计等通常会与恋爱联系在一起，统一传递出甜蜜浪漫之感，快速将消费者带入对恋情的想象中，与消费者建立起情感连接。

6.2.2　商品详情页的布局逻辑

商品详情页的主要作用是说服消费者购买商品，而为了更有效地说服消费者，商家可以按照消费者的购物心理对商品详情页进行巧妙布局，依靠对消费者购物心理的揣摩来获取消费者的信任并促使其购买商品。

根据AIDMA法则，消费者在购物时的心理变化主要表现为Attention（引起关注）→Interest（引发兴趣）→Desire（唤起欲望）→Memory（加深记忆）→Action（决定购买）几个主要阶段。而从运营者的角度来分析，为了迎合消费者这种购物心理，商品详情页的布局逻辑就应该具备引起关注、引发兴趣、加深了解、刺激购买、促使分享几个方面的内容。

对于引起消费者关注的部分，商品主图、商品广告图、商品价格、商品服务、商品评价，以及消费者自身对商品的购买需求等都可能引起消费者对商品的关注，在这个阶段，要求运营人员对商品目标消费人群进行准确定位，通过展现目标消费人群更感兴趣的内容来设计商品详情页，从而引起他们的关注。比如，一款儿童牙膏商品，通过分析发现其目标消费人群为有一定经济实力的年轻妈妈，她们更关注商品品质、商品安全、商品品牌、商品口碑等，那么该款商品详情页的设计在视觉上应该体现商品的品质感和品牌感，在内容上要突出商品品质、商品安全、品牌实力、商品功能等信息。再如，一款大家电商品，经调查发现消费者除了关注商品的价格、功能，还十分关注商品的安装、维修等服务问题，那么在商品详情页的视觉设计中，就要及时体现商品售后服务的信息，快速吸引消费者的注意力。

对于引发消费者兴趣的部分，商家主要通过商品卖点来吸引消费者关注。在消费者关注商品后，商家如果恰当展示出了直击消费者痛点、引发消费者共鸣的商品卖点，就可以迅速引发消费者对商品的兴趣。比如，某家电商品的智能化操作、自动化工作等卖点，就可以很好地引发对此卖点有需求的消费者的兴趣。

对于引导消费者加深了解的部分，商家主要通过对商品信息、促销信息等内容的详细展示，让消费者尽可能地了解商品，进一步打动消费者。

对于刺激消费者购买的部分，商家主要通过打消消费者的顾虑来促使消费者做出购买决定，评价、证书、服务保障、品牌实力、物流优势等都可以有效打消消费者对商品的顾虑，增加消费者对商品的信任。

对于促使消费者进行分享的部分，商家主要通过引导消费者评价、引导消费者关注等方式加强与消费者的联系，有利于维护与消费者的关系，提高消费者对商品和品牌的黏性和忠诚度。该部分功能在商品详情页视觉设计中的应用较少，主要可以通过移动端的加入会员、加入群聊、关注店铺、微淘推广等功能来实现。

6.2.3 商品详情页的沟通框架

在了解了消费者的购物心理和商品详情页的布局逻辑后，就可以以此为基础，搭建出商品详情页与消费者之间的沟通框架，通过商品详情页与消费者进行沟通，运用不同的视觉效果、不同的文案一步一步地加深消费者对商品的了解和认识，继而促使他们消费。

在搭建商品详情页沟通框架之前，先要了解消费者希望在商品详情页中看到的信息，并整理出基于商家需求的营销要素，然后结合这些信息对商品详情页的沟通框架进行搭建。

1. 消费者需求的基本信息

商品详情页是消费者了解商品、获取商品信息最主要的途径，因此不管如何设计商品详情页，都必须包含消费者想要了解的基本内容。一般来说，消费者希望在商品详情页中了解的信息主要包括商品展示图、商品细节图、尺码或参数图、模特图或实际使用图，此外商品评价、真人试穿或试用效果等也是消费者十分关注的信息。

2. 商品详情页的基本要素

从运营的角度看，商品详情页的主要作用是促使消费者购买，因此除了要展示消费者需求的基本信息，还要展示更丰富的、有助于进一步打动消费者的信息，实现成交的目的。商品详情页信息展示的基本要素主要包括商品、服务、营销、品牌和互动5个部分。

- **商品**。商品详情页的商品信息要精炼且全面，包括标题、图片、规格参数、价格、库存、功效、工艺、品质、使用场景和品牌等。商品信息的表达要通俗易懂，方便消费者深入了解商品。
- **服务**。服务是商品的附加价值，消费者不仅关注商品本身，同时也关注与交易相关的服务。消费者在选购相同的商品时，通常会优先选择服务质量更好的。一般来说，与交易、品质、售后、物流等相关的服务都是消费者重点关注的信息。
- **营销**。营销是促使消费者下单的有效手段，包括价格优惠、赠品、关联推荐等。在展示营销信息时，商家可以灵活利用消费者的从众心理，对热卖榜单、人气榜单中的商品进行推荐，或者营造限时打折的紧迫感，促使消费者在短时间内做出消费决策，提高营销效果。

- **品牌**。品牌是影响消费者购买行为的重要因素，品牌知名度高的商品，消费者的消费顾虑更低，商品转化率更高；品牌知名度不高的商品，商家信誉、商家资质、店铺评分等也可以发挥等同品牌的作用。商家信誉、官方自营、品牌认证、品牌故事等都有利于提高消费者对品牌和商品的信任度，打消消费者的消费顾虑。

- **互动**。互动即消费者与商品详情页的交互，咨询、收藏、购物车、购买、分享、评价、关注等都能够体现消费者与页面的互动性，商家可以通过对消费者的互动行为进行视觉引导，提高商品详情页的转化率。

3. 搭建商品详情页沟通框架

基于消费者和商家两方的需求，再结合商品详情页的布局逻辑，来搭建沟通框架。

以某空调商品为例，通过大数据分析，得知该商品的目标消费人群最关注的商品信息依次为服务、商品、功能、品牌、性价比、使用场景，其中对于服务更关注装机、售后和物流，对于商品更关注质量、材质和做工等，对于功能更关注制冷制热速度、静音、能耗等。那么根据以上信息，可以将该商品的详情页沟通框架搭建如表6-1所示。

表6-1　空调商品详情页沟通框架

作用	板块	文案概述	画面要求
引起关注	促销活动	活动折扣、赠品	展示折扣和赠品
	展示服务	××空调　售后无忧	展示售后内容
	商品首焦图	智能变频　舒适安睡	商品、卧室、睡眠
引发兴趣	商品主卖点	节能、智能	相关展示图
	商品主卖点	制冷制热速度快	相关展示图
	商品主卖点	质量、材质	相关展示图
加深了解	商品展示	操作便捷	相关展示图
	商品展示	外观、安装、配件、参数	相关展示图
	服务标准	安装、维修、物流服务	相关展示图
刺激购买	售后说明	略	相关展示图
	保养说明	略	相关展示图
	品牌展示	略	相关展示图
	关联营销	略	相关展示图

图6-4所示为美的空调的部分商品详情页：首先，对消费者关注的服务、物流等信息进行了展示，引起消费者的关注；其次，展示商品首焦图，并对空调节能、快冷快热、材质质量等主卖点进行了介绍，引发消费者的兴趣；再次，通过对商品参数、安装、实际使用场景、服务标准等消费者需要了解的信息进行展示，加深消费者对商品的了解；最后，对售后服务问题进行说明，打消消费者的购物顾虑，促使消费者进行购买。

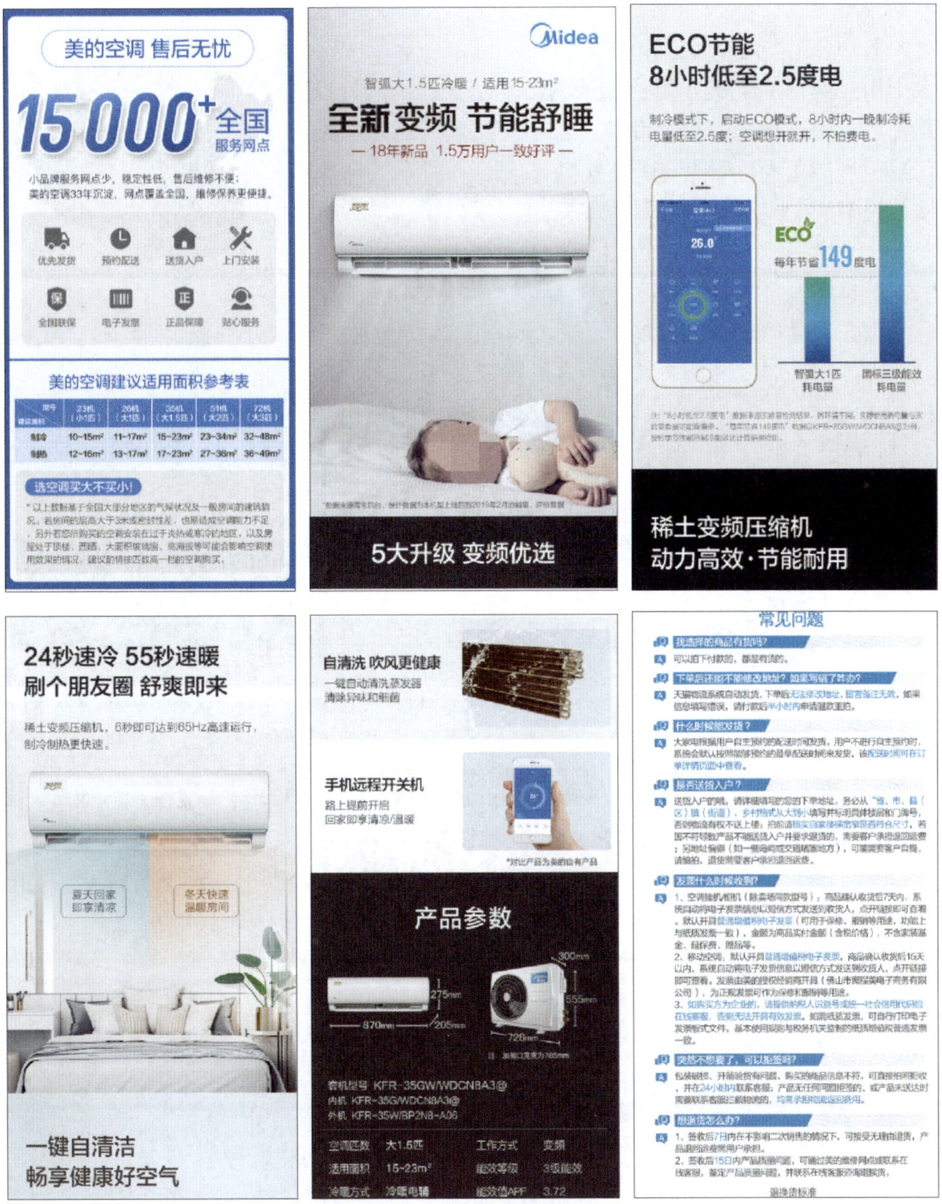

图6-4 美的空调商品详情页（部分）

6.2.4　商品详情页的文案应用

商品详情页的文案是对商品卖点、商品参数的阐述说明，从视觉上说，美观的文案设计和排版可以激活广告画面，使画面显得更丰富、平衡。从营销的角度看，商品详情页的文案可以配合详情页沟通框架，用文字搭配图片，潜移默化地影响消费者，达到更好的营销效果。根据商品详情页的沟通框架，可以将商品详情页的文案分为以下4种类型。

1. 引起关注的文案

引起关注的文案主要在店铺的活动页面、商品首焦图等区域呈现，包括商品核心卖点、商品促销信息、商品广告语等，其作用是突出消费者关注的核心内容，提高消费者浏览商品核心信息的效率。图6-5所示的商品图片中的文案中，第一张商品首焦图的文案通过对品牌、品质进行呈现引起消费者的关注，第二张营销活动文案通过品牌保证、实际优惠引起消费者的关注，第三张商品服务文案通过展示服务质量引起消费者的关注。

引起消费者关注的文案，一般要呈现消费者最关心的内容，要求简单直观地展示核心信息，缩短消费者接受信息的步骤，快速吸引消费者的注意力。

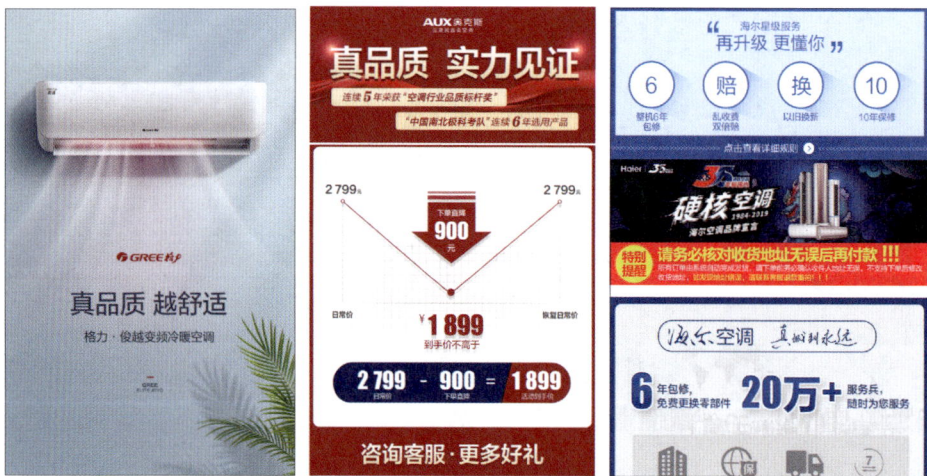

图6-5　引起关注的文案

2. 引发兴趣的文案

引发兴趣的文案可以有效找到并激发消费者对商品的潜在需求，如说明商品的核心卖点、描述商品外观、描述商品的使用场景等都可以有效引发消费者的兴趣，引起消费者的购买欲望。图6-6所示的插座商品使用了"颜值爆表 美到哭""当艺术灵感与科技交织，家就会变得别具一格"等文案，不仅强调了商品在外观上的独特卖点，同时将文案与该商品的实际使用场景完美融合，突出商品对家的"装饰"功能，在给消费者传递出个性、格调、品质等感受的同时，也将消费者带入"装饰家"的商品使用氛围中，使消费者产生对商品使用的美好联想，同时也加深了消费者对商品的印象，并提高了其对商品的好感。

图6-6　引发兴趣的文案

3. 加深了解的文案

加深了解的文案主要用于加深消费者对商品的了解，打消消费者对商品的顾虑，主要运用在细节图、包装图、参数图等位置，进一步提高消费者对商品的信任。图6-7所示的文案，分别对商品详细信息、商品热销程度、商品使用步骤等内容进行展示，从商品质量、商品口碑、商品使用步骤等方面宣传商品，从而加深消费者对商品的认识。

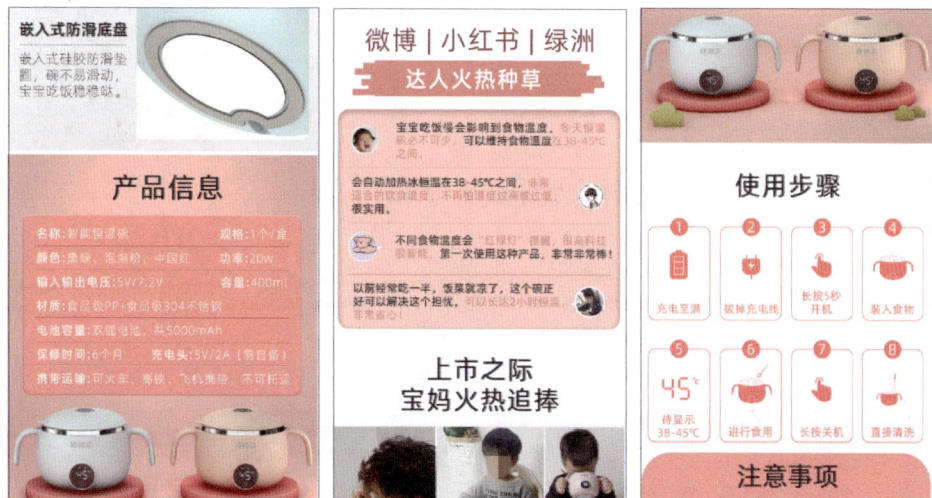

图6-7　加深了解的文案

4. 刺激购买的文案

刺激购买的文案可以运用在商品的促销活动及套餐搭配等区域，如套餐优惠、赠品、店内活动等，作用是让消费者快速下单购买。也可以用于商品详情页最后的品牌展示、服务质量展示、资质实力展示、物流信息展示等模块，突出品牌质量、商家承诺、快递物流、售后服务等信息，打消消费者的购物顾虑。图6-8所示的商品文案，分别对商品品牌、商品专利、正品售后等信息进行展示，促使消费者购买。

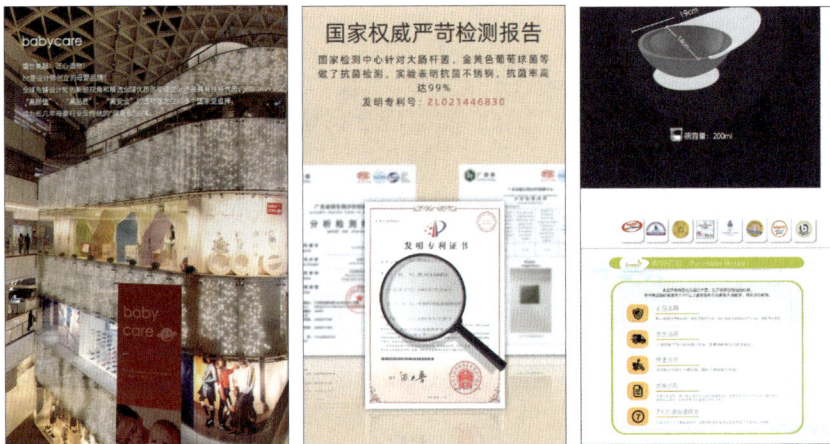

图6-8　刺激购买的文案

6.3　优化商品详情页图片效果

商品详情页的图片视觉效果是吸引消费者持续浏览的重要因素，在商品详情页风格定位的基础上，按照沟通后的逻辑结构来进行商品详情页的设计，既可迎合消费者的喜好，拉近与消费者的距离，又能有效地展现商品信息，促成最终的成交。

微课视频

优化商品详情页图片效果

6.3.1　商品首焦图视觉优化

商品首焦图就是商品详情页的第一张主形象图，是消费者最先看到的商品图片，也是使消费者建立起对商品的视觉好感度的第一张图片。如果商品首焦图能够给消费者留下较好的印象，就可以有效引导消费者继续浏览商品。

商品首焦图的视觉设计与商品海报十分类似，通常使用精美的图片，搭配简单的核心文案，对商品进行深刻的展示。商品首焦图在设计上可以灵活运用各种设计元素，使用略微夸张的表现方式，呈现商品的整体形象、主要卖点或商品理念等，以极具视觉冲击力的画面吸引消费者的注意力，给消费者带来愉悦的视觉体验。图6-9所示的商品首焦图，就是通过简单的文案描述商品核心特点，以商品本身作为图片的视觉焦点，运用各种设计方式提高整张图片的美感度，吸引消费者的注意力。

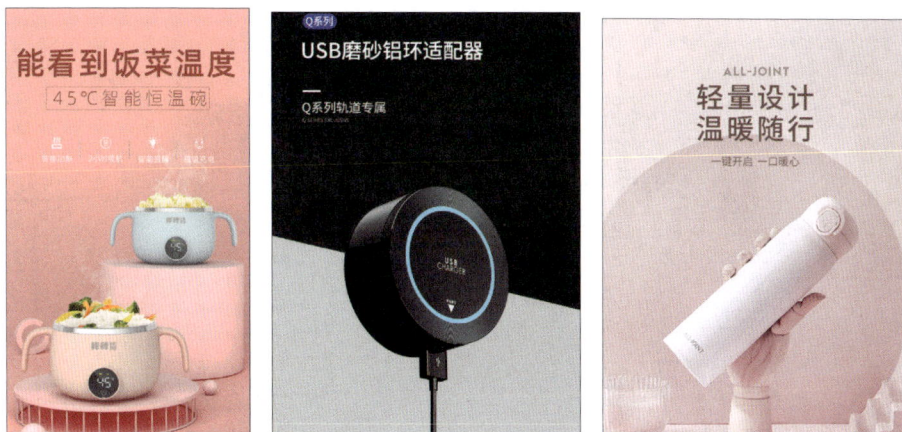

图6-9　商品首焦图

知识补充

商品首焦图视觉设计的注意事项

商品首焦图中必须存在商品主体，且商品主体要呈现在画面的焦点位置，尽量减小装饰物所占用的空间。首焦图中的文案应尽量简短、精炼，字体要大，以辅助展示商品特点并吸引消费者的注意力，若使用描述性文案，则不要遮挡画面中的视觉元素。

6.3.2　卖点图视觉优化

商品卖点是指商品的材质、款式、功能、外观等能够提高消费者对商品好感度的特点。在视觉设计中，商品卖点主要通过文案和图片进行搭配展现，文案简明、扼要地说明商品卖点，图片则对商品卖点进行直观展示，利用图文结合从视觉上影响消费者，加深消费者对商品卖点的认识和理解。图6-10所示的商品卖点图，对水杯轻便、清洁、保温保冷等卖点进行展示，图文合理搭配，给消费者直观的商品认识，让消费者不需要花费太多时间就可以快速了解商品。

为了提高商品卖点的视觉表现力，在展示商品卖点时，可以为卖点策划一个新颖、有趣的视觉方案，通过将卖点"视觉化"来吸引消费者的注意力，同时帮助消费者理解商品。比如，在设计抽油烟机的卖点图时，为了表现抽油烟机"不跑烟"的卖点，可以在视觉上通过星云、漩涡、气流等元素营造出黑洞科技、超强吸力的氛围，给消费者留下鲜明的印象。商品卖点的"视觉化"可以辅以恰当的美化、夸张，营造与商品特质、商品功能、商品卖点相匹配的氛围，再通过对色彩、文字、版式等元素的合理运用，有效提高商品图片的视觉效果，与其他竞品形成差异和区别，进一步突出商品和品牌的视觉优势。

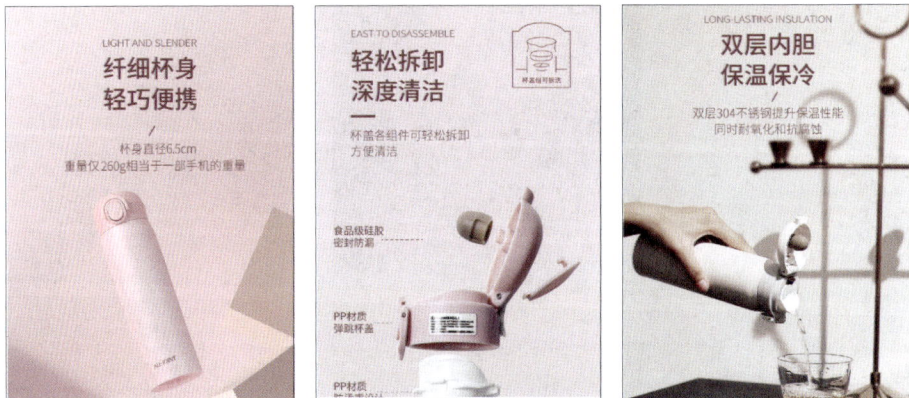

图6-10　商品卖点图

6.3.3　细节图视觉优化

商品细节图是商家展示商品品质、赢得消费者好感的重要手段，也是商品详情页视觉设计中的重要组成部分。商品细节图的视觉设计重点是传达消费者感兴趣的商品细节信息，一般需要根据商品性质选择不同的展示方向，如通过功能说明、工艺细节、服务说明等对细节进行展示。

对于以功能为主要卖点的商品来说，关于商品功能的细节设计就是商品细节图的展示重点。商品功能的细节设计一般应注意形象化，避免使用如说明书般枯燥的功能介绍。在制作时应该以图示讲解为主，切忌不要将太多信息汇集到一张图片中讲解，避免复杂的视觉信息给消费者的阅读带来不便，图文结合地展示商品功能细节，效果更佳。图6-11所示为抽油烟机的功能说明细节图的设计。

对于以外观、做工等为主要卖点的商品来说，关于商品工艺的细节设计就是商品细节图的展示重点。工艺细节主要指商品的材质或工艺造型方面的细节，一般使用局部放大的方式，体现商品的质感。在制作工艺细节图时，要尽量保证所描述的细节部分处于画面的中心，且做到主次有序。同样，不要在一个画面中描述多个细节，避免重要细节不突出，视觉信息不明确。另外还要注意工艺细节图片的品质，要保证图片的清晰美观，图6-12所示为常见的工艺细节图。

对于以服务质量为主要卖点的商品来说，服务细节说明就是商品细节图的展示重点。服务细节一般包含包装服务、物流服务和售后服务等，合理展示商品的服务细节有助于提高消费者对品牌和商品的信任。此外，对于一些易碎类商品，消费者会更加关注包装、物流等安全方面的问题，商家在细节图视觉设计中加入商品包装、运输服务的图片与说明，以及售后服务的类型、退换货承诺、时效承诺、延保服务等内容，可在一定程度上消除消费者的顾虑。

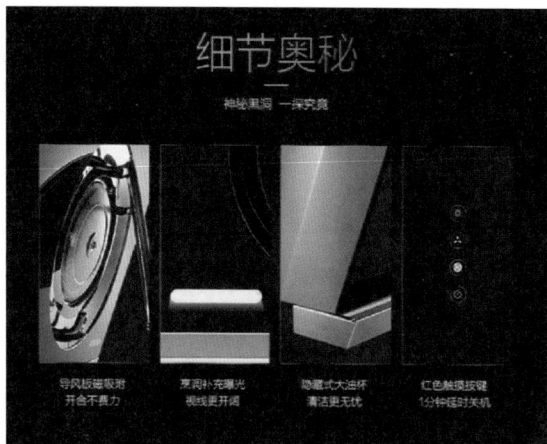

图6-11 功能细节图

图6-12 工艺细节图

6.3.4 参数图视觉优化

商品参数是消费者非常关注的商品信息之一，清晰、准确、易理解的参数可以为消费者挑选商品提供很大的便利，反之，则不利于消费者对商品进行判断，从而使消费者难以做出购买决策。商品参数的表达方式多种多样，商家可以根据商品参数的具体情况、商品特征进行灵活设计。

- **直接展示参数**。使用简单示意图、形状或线条来展示商品参数，或者使用表格直接展示商品的特性、功能和规格等，图6-13所示为使用简单示意图和简单表格来直接展示商品参数。

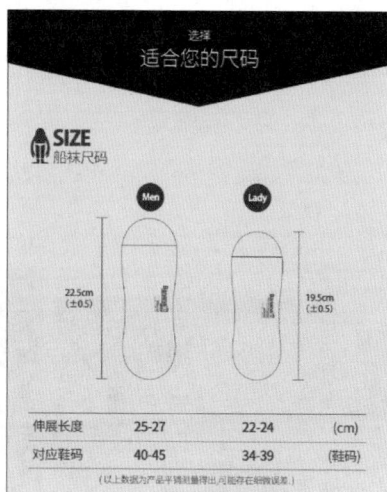

图6-13 直接展示参数

- **商品参数与商品图片组合展示。**可以直接将商品参数展示在一张或多张商品图片中，如图6-14所示。如果商品参数较多，也可通过左表右图或左图右表的方式排列商品参数模块，如图6-15所示。对于有尺寸规格的商品，商家还可在商品图上添加尺寸标注。

图6-14　参数展示在商品图中

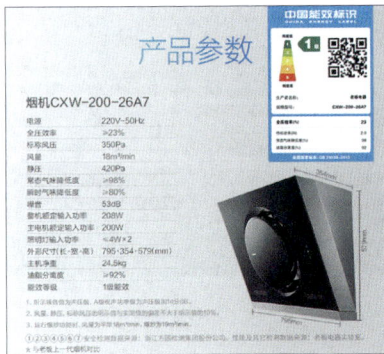

图6-15　参数和商品图组合展示

6.3.5　品牌推广图视觉优化

很多店铺为了打消消费者的消费顾虑，加深消费者对品牌的印象，会在商品详情页中设计品牌推广模块。品牌推广图有助于提高品牌形象，是展现品牌文化、传达品牌理念非常有效的一种手段。

商品详情页的主要作用是传递商品信息，因此在设计品牌推广图时不适合使用太大篇幅的展示方式，要以个性化、简洁化的方式精简、准确、快速地传播品牌信息，减少消费者浏览的时间，避免影响消费者的购物体验。图6-16所示的品牌推广图，在保持商品详情页页面风格一致的基础上，使用图文结合的方式对品牌之路、实体门店、品牌荣誉等信息进行了展示，可以有效提高消费者对品牌的信任度和好感度。

图6-16　品牌推广图

6.4 优化商品详情页营销效果

商品详情页是电商消费者实现转化的最后一环，商家通常都是在该页面中通过图片、文字、视频等方式对商品信息进行大量展示。而为了提高消费者的浏览效率，提高商品详情页的转化率，在展示商品信息时，商家还可以结合一定的展示方式促进消费者快速做出决策，或者利用合理的营销手段对消费者进行导流，促使消费者再看、多看，增加转化的概率。

6.4.1 带入场景

带入场景是指将商品放到真实的使用环境中，通过营造商品的使用氛围来展示商品，在提高商品图片整体美感的同时，将消费者快速带入商品真实使用的场景中，刺激消费者对商品的联想，激发消费者对商品的潜在需求，促使其做出购买决策。

商品的场景图主要分为布景拍摄的场景图和后期制作的场景图两种类型，前者主要通过恰当的布景还原商品的真实使用场景，通过直观的视觉展示让消费者对商品使用产生美好的联想；后者主要由设计师设计合成商品场景图，通常会在图片中加入更多想象元素，提高图片的设计感和美观度，给消费者留下更大的想象空间。图6-17所示为布景实拍的场景图，图6-18所示为后期设计的场景图，都可以很好地刺激消费者对商品使用场景的联想。

图6-17 布景实拍图

图6-18 设计合成图

将商品带入真实使用场景时的视觉设计，应选择最能刺激消费者想象的场景，如运动类商品可以带入户外实景，家电类商品可以带入家庭生活实景等。

6.4.2　引导情感

情感是影响消费者决策的重要因素，一个可以引起消费者情感共鸣的品牌和商品，更容易获得消费者的好感。在设计商品详情页时，可以挖掘商品中有利于激发消费者情感的元素，在视觉上对其进行呈现，从感性的角度打动消费者，让消费者在浏览商品时受到触动，从而刺激他们产生消费行为。情感视觉化的表达一般都需要好图片、好文案的配合和烘托，让消费者在多重视觉刺激下深刻地理解商品所承载的情感。

图6-19所示的床上用品的商品详情页，以"元气少女""少女风""爱恋"等带有个性化情感色彩的文案进行宣传，再搭配与商品颜色相适应的橙色、绿色等色彩对整体视觉效果进行渲染，营造出一种"美好早晨"的氛围，让消费者迅速联想到商品的使用情况，沉浸在文案所描述的氛围中，对商品传递出的情感产生认同。

商品所蕴含的情感可以从商品本身的特点来进行挖掘，图6-19所示的床上用品是依靠商品色彩挖掘情感。保健品可以依靠功能挖掘情感，也可以通过想象赋予商品独特的情感，如赋予钻石爱情的情感色彩等。

图6-19　情感带入图

6.4.3　关联营销

消费者在浏览了商品详情页的全部信息后，如果仍没有做出购买决策，可能会离开店铺。从运营的角度分析，商家可以通过合理的引导将没有发生转化的优质流量引导至店铺中的其他商品页面，避免流量的直接跳失。因此，可以通过关联营销让流量在店铺各子页面之间流转，尽可能降低跳失率，实现转化，达成销售。

1. 商品关联的形式

商品详情页的商品关联模块可以对页面流量进行有效导流，其主要包括同类关联、品类关联、跨类关联和活动关联4种形式。

- **同类关联**。同类关联是指与当前商品功能、属性类似的商品关联。比如，当前页面为某上衣的商品详情页，关联商品同为上衣，它们在外形和功能上有一定的区别，能够极大地满足消费者的个性化需求。

- **品类关联**。品类关联是指关联商品同属于一个品类，但每个商品的功能作用都不一样。比如，当前商品为洗面奶，关联商品可设置为化妆水、乳液、眼霜等需要搭配使用的商品，消费者很可能会成套购买。此类关联适合跨品类数量较多的店铺，能够有效提高客单价。

- **跨类关联**。跨类关联是指关联的商品功能或属性与主商品不同，主要目的在于搭配销售，提高客单价。比如，当前商品为服装，关联商品为鞋子、手提包、配饰等商品。

- **活动关联**。活动关联是指以宣传活动、促销为主题信息的关联版式。比如，针对大型促销活动设计的关联版式入口，可以将流量从单品页面中引导至活动页面。

2. 商品关联模块的设计样式

根据当前商品的实际关联需求，商家可以使用不同样式的关联模块。

- **常规型**。常规型适用于关联商品较多时，通过整齐有序的排版方式展示商品，图6-20所示为常规型商品关联模块的样式。

图6-20　常规型商品关联模块

- **主次型**。主次型是根据商品的主次，调节商品在商品关联模块中所占的版面，可以将消费者的关注点更多地引导到主要商品上去，视觉引导效果较好。图6-21所示为主次型活动关联模块的样式。

- **通栏海报型**。使用通栏海报的形式设计商品关联模块，可以使关联商品显得更加醒目，商品形象与卖点展示得更加清晰，适合关联商品数量较少的情况。图6-22所示为通栏海报型商品关联模块的样式。

图6-21　主次型商品关联模块

图6-22　通栏海报型商品关联模块

课堂实训——分析商品详情页的视觉营销效果

实训目标

本实训要求分析某拖鞋的部分商品详情页，如图6-23所示，可分别从关联营销、首焦图、参数图、卖点图、品牌推广图等方面进行分析。

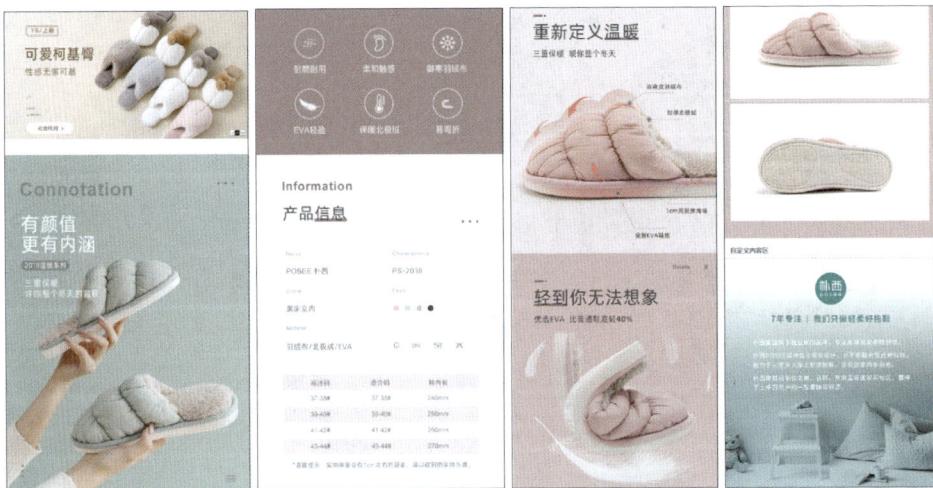

图6-23　拖鞋商品详情页（部分）

实训思路

根据实训目标，分别从关联营销、首焦图、参数图、卖点图、品牌推广图等方面分析商品主图的视觉营销效果。

- **分析关联营销**。该商品的关联营销模块位于详情页商品信息之前，为横排海报的样式，视觉信息十分醒目，具有很好的展示效果。
- **分析首焦图**。首焦图以商品为展示重点，搭配恰当的文案，有效提高了商品的视觉效果，起到引人注意的目的。
- **分析参数图**。参数图采用了简洁的表格样式，信息分类十分清楚，既具有设计感和排版上的美观性，又方便消费者快速识别。
- **分析卖点图**。卖点图通过后期设计，运用合理的元素，对商品卖点进行了直观的体现，方便消费者理解卖点，同时可以刺激消费者对商品卖点的联想。
- **分析品牌推广图**。品牌推广图位于商品详情页最后，通过简单的图文搭配对品牌信息进行展示，加深消费者对品牌的印象，达到传播品牌的目的。

课后练习

练习1　分析商品详情页布局逻辑

假设要设计某珠宝商品的详情页，简述如何搭建该商品详情页的沟通框架。

练习2　分析商品详情页的文案

假设要为某旅行箱设计商品首焦图，简述可以从哪些方面设计该首焦图的商品文案，以快速吸引消费者的注意力。

广告与活动视觉营销

　　在越来越成熟的电商市场，无论是运营者还是消费者，都对广告和活动不再陌生。2019年天猫"双11"的总成交额达到2 684亿元，"美的""海尔""华为""小米"等知名品牌成交额破10亿元，"完美日记""花西子"等新锐品牌也斩获了成交额破亿元的不俗成绩，可以说，这些惊人的成绩都是建立在"双11"这个全民狂欢活动的营销基础之上的。

　　广告宣传、活动营销是现在电商商家运营店铺的重要手段，从活动预热到正式销售，通过广告推广、满减赠送等营销手段，可以迅速为店铺创造直接价值和间接价值。广告可以为店铺带入高质量的流量，而活动则可以有效促成消费者的购买行为，提高转化率。从店铺可持续发展的角度来看，一个优秀的活动视觉营销不仅能够完整地展示商品，有效提高销量，还可以快速地建立起消费者对品牌的印象，提高品牌的识别度和推广度。

学习目标

● 了解广告视觉营销
● 了解活动视觉营销

案例展示

突出时间紧迫感

展示优惠

7.1 广告视觉与流量

在现在这个竞争日益激烈的电商环境中，广告已经成为商家之间争夺流量的重要手段，特别是在自然流量无法满足店铺运营目标的情况下，由广告引入的精准付费流量成了店铺提高销售额的重要基石。对商家来说，广告即意味着流量，优秀的广告视觉可以使店铺和商品在众多竞争者中占据一席之地，为店铺创造更多直接或间接的利润。

7.1.1 广告视觉的作用

广告视觉的作用主要体现在以下几个方面。

- **引流**。广告视觉最大的作用就是引流，以淘宝平台为例，直通车、钻石展位等重要广告位置，都具有巨大的引流能力，商家通过付费参与广告位的竞价，就可将商品和店铺推广到更多对商品有潜在需求的消费人群面前，为店铺带来大量的优质流量。

- **推广品牌**。除了直接营销商品，广告视觉还可以将品牌推送至更多消费者眼前，提高品牌在目标消费人群中的识别度，进而提高品牌的影响力和附加价值。

- **控制成本**。在电商背景下，突出的广告视觉往往意味着高点击率，甚至高转化率，可以让商家投入更低，而收益更高。从商家运营的角度来看，视觉效果更好的广告更容易获得点击，引流效果也更好。同时，广告视觉的点击率直接影响着商品和品牌的展现量和推广成本。以淘宝的智钻为例，视觉效果好的广告素材，获取流量的能力更强，在每次点击付费广告（Cost Per Click，CPC）的模式下，广告点击率直接决定能够获取的流量的基数，在千人成本（Cost Per Mille，CPM）模式下，广告点击率直接决定引流的成本。

> 拓展资料
>
> 钻石展位竞价原理

7.1.2 直通车视觉引流

直通车是为淘宝商家量身定制的一种推广方式，直通车按点击付费，可以精准推广商品，是淘宝商家为商品和店铺引流的重要手段，可以提高商品的曝光率和点击率，有效增加店铺的流量，吸引更多消费者来关注商品。

1. 直通车推广图的重要性

直通车推广图即直通车推广计划中的创意图，在消费者面前则以商品主图的形式呈现，如淘宝商品搜索页面的商品主图。

直通车的引流与商品自然搜索类似，商家为需要推广的商品设置引流关键词，直通车将该关键词精准匹配给有相关搜索需求的消费者，当消费者搜索关键词后，即可在商品搜索页面看到直通车所推广的商品，点击该商品即产生流量。直通车推广主要有两个阶段，一是通过关键词竞价获得排名和展现，二是通过推广图吸引消费者的点击。只有当消费者完成对推广图片的点击后，才能达到直通车引流的目的。

与淘宝自然搜索排名一样，直通车的排名越靠前，展示就越靠前，而直通车的排名主要是由关键词出价和质量分综合决定的，也就是说，在关键词出价一定的基础上，质量分越高，直通车推广的排名就越靠前。质量分主要由相关性、创意质量和买家体验3个要素组成，其中，创意质量的得分高低主要取决于近期消费者的点击反馈，也就是点击率，如果关键词所在的商品视觉创意效果好，就可以在很大程度上提高点击率，从而提高质量分。因此，如果商家想要花费更少的成本进行推广，就必须对直通车商品推广视觉进行优化。

拓展资料

直通车的展示位置

📢 **知识补充**

直通车图片制作规范

直通车推广图与商品主图的制作规范十分类似，尺寸也是 800 像素 ×800 像素，商家可以根据需求在上面添加营销文案。

2. 直通车推广图的视觉优化

直通车推广图的质量与商品的点击率、直通车的推广成本等直接相关，淘宝商家要想提高商品点击率，提高运营投入产出比，就必须对直通车推广图的视觉进行优化。

（1）提高识别度

主流电商平台中同类商品的推广竞争十分激烈。在淘宝中，搜索某商品的关键词时，可以搜索到大量相关商品，但消费者往往只会浏览搜索页前几页中的商品，在这些浏览的商品中，也只会点击主图视觉效果较好的商品。直通车的排名与商品搜索排名类似，直通车推广图的视觉设计也必须具有较高的识别度，才可能引起消费者的兴趣、获得消费者的点击。直通车推广图的识别度主要可以从美观性、价值匹配度两个方面进行优化。

- **美观性**。直通车推广图的美观性要从商品拍摄上进行体现，也就是说在拍摄商品时，就要突出商品的视觉优势，表现出一定的美观度和设计感。比如，拍摄珍珠类商品时，要突出商品的光泽质感，才能快速吸引消费者的注意力。反之，暗淡模糊的珍珠商品图片，不仅无法吸引消费者的注意力，还会从视觉上降低商品品质，使商品显得粗糙劣质。

- **价值匹配度**。价值匹配指推广图的视觉设计效果要与商品的价格、定位等匹配，如价格为499元的连衣裙，其视觉展示、模特展示等就需要体现与之相符的价值，如果价值499元的商品与价值49元的商品视觉表现相似，也难以让消费者有点击的欲望。图7-1所示的两组直通车推广图，前者视觉设计的价值匹配度就比后者表现得更好。

图7-1　直通车推广图的价值匹配

（2）吸引消费者的注意力

消费者在电商平台购买商品时，其视觉重心是商品本身，要想吸引消费者的注意力，直通车推广图的商品主体就必须具有突出的视觉表现力。商品主体图片的视觉表现力主要可以通过视觉设计效果、符合消费者需求的视觉点等方面进行表达。

- **视觉设计效果**。要想快速吸引消费者的注意力，直通车推广图既要具备一定的视觉吸引力，还要区别于同类商品。比如，钻戒的直通车推广图，在其他同类商品展示商品佩戴效果时，某钻戒着重展示钻戒上的钻石，通过钻石和钻戒的设计体现视觉吸引力，从而与同类商品形成明显的差异，如图7-2所示。

图7-2　直通车推广图不同的视觉表现

- **符合消费者需求的视觉点**。符合消费者需求的视觉点是指商品图片的视觉表现重点要符合消费者对商品的实际需求。比如，年轻女性消费者选择手机商品时，最希望了解的商品信息是手机的外观、颜色等，因此其直通车推广图可以重点展示商品的外观和颜色；老年人选择手机商品时，最希望手机具备声音大、字体大等特点，因此其直通车推广图可以重点展示手机的字体，再通过文案体现手机声音大的特点。

（3）深挖消费者需求

优化直通车推广图视觉效果的主要目的是吸引消费者点击，很多商品难以直接通过图片展示商品卖点，此时就可以利用精准的文案来迎合消费者的需求，通过文案体现商品的特点，让消费者因为文案而生出进一步了解商品的想法。直通车推广图的文案一般要与美观的商品图片结合使用，在文案中深挖消费者的心理需求，并使用文字直接展现出来。

- **功能性文案**。以功能为主要卖点的商品，其直通车推广图一般都需要搭配精准的文案。针对这类商品，商家可以深入挖掘消费者对商品功能的需求，并准确体现在图片中。比如，购买美容类商品的消费者，在展示商品外观、颜色等信息的同时，还可以通过文案展示"紧致嫩肤""提拉淡纹""V脸塑形"等功能。

- **利益性文案**。利益是吸引消费者点击的重要元素，也是消费者最主要的心理需求之一。在直通车推广图文案中展示一定的利益点，可以有效提高点击率，如直接展示利益的"清仓处理""终身质保""领券减×元"等，或者间接展示利益的"品牌直营""厂家批发"等。

知识补充

直通车图片视觉设计技巧

直通车推广通常选择的是具有一定销量和评价的商品，在设计时，可以借助背景、商品、文案、模特的完美搭配，重点突出展示与消费者的需求相关的信息，达到吸引消费者注意力的目的。

3. 直通车推广图数据优化

在直通车的创意列表中可以查看各个直通车推广创意图片的数据表现情况，如果商品的展现量很高，但是点击率低，这可能是由于商品排名靠前，但是关键词精准度不够，也可能是关键词比较精准，但是图片效果不好。若直通车图片的视觉效果不好，运营人员就需要对直通车图片进行优化和测试，可以根据展现量、点击量等数据表现删除或优化数据表现不好的创意，然后选择效果好的多张图片依次进行推广测试。在一定的数据基础上，展现量高、点击量高、点击率高的图片就是适合作为直通车推广图的图片。

7.1.3　智钻视觉引流

智钻（钻石展位）是淘宝网提供的一种付费营销推广工具，主要依靠图片创意吸引消费者点击，从而获取巨大的流量。智钻一般是将创意图片、视频等展示在淘宝网首页、分类页，或其他大流量网站的醒目位置，因此具有十分强大的引流能力。与直通车类似，智钻的展示位主要是通过商家自主竞价来获取，但与直通车的搜索流量相比，智钻的流量主要依靠展示图片类广告的利益点来吸引消费者，且推广图片的设计与创意直接影响引流成本，点击率高的创意图片平均点击费用更低，在同等预算内获取的流量更多。

1. 智钻创意图片的引流方向

智钻是面向全网精准流量实时竞价的展示推广平台，其展示涵盖全网资源，可以帮助客户实现更高效、更精准的全网数字营销。从营销推广的角度看，智钻创意图片主要有3个明显的引流方向。

- **为单品引流**。为单品引流即推广店铺内的单品，主要展示单品的信息，包括卖点信息、促销信息等，单品引流以销售单品为主要目的，可以用来打造店内"爆款"，图7-3所示的智钻图片即为单品引流。

图7-3　智钻单品推广

- **为活动或店铺引流**。为活动或店铺引流即以活动和店铺促销为主题，展示活动和店铺的折扣等促销信息，配合活动和店铺进行促销，既能提高销量，又能提高品牌和店铺的知名度，图7-4所示为活动和店铺引流的智钻创意图片。

图7-4　智钻活动和店铺推广

- **为品牌引流**。为品牌引流即直接推广品牌，图片以突出品牌个性、传递品牌口号为主，也可以恰当展示促销信息，为品牌引流通常以追逐长期的品牌效益为主要目的，需要长期投放，加深消费者对品牌的认知和印象。

2. 智钻创意图片的视觉优化

智钻创意图片的视觉设计与海报类似，包括图片配色设计、图片排版设计、文案视觉设计等多个方面的内容。此外，为了提高智钻创意图片的推广效果，商家还需要对智钻创意图片营销信息的视觉传达进行优化。

智钻创意图片营销信息的视觉传达是吸引消费者点击的重要因素，与其他营销图片一样，只有图片中传达的信息符合消费者的真实需求，才能在第一时间吸引消费者点击图片，进而使其关注商品、活动或品牌。因此，为了提高智钻创意图片的信息传达效果，提高创意图片推广效果，商家应该根据推广需求对目标消费人群进行精准定位，再根据目标消费人群特征确定图片信息的表达方案。

（1）创意图片风格与目标消费人群喜好相符合

创意图片风格要与目标消费人群喜好精准匹配，即根据目标消费人群的喜好风格来定位智钻创意图片的设计风格。比如，某女装品牌的目标消费人群喜欢文艺、复古风，则创意图片中的模特妆容、模特姿势、图片颜色搭配、字体选择、设计元素选择等，都应该体现文艺复古的风格，才能在第一时间吸引目标消费人群的注意力。

（2）图片信息与消费者需求相符合

符合消费者需求的创意图片，通常转化率会更高。在制作智钻创意图片时，要想使图片获得更好的点击率，可以从定向的角度进行设计。比如，该图片创意所匹配的推广计划的定向人群是人均消费不高、追求个性的年轻群体，则可以使用一些该消费群体感兴趣的信息，突出商品和店铺的视觉个性化，再搭配折扣信息，能够更好地促进点击率和转化率的提高。如果图片创意所匹配的推广计划的定向人群是居家型人群，家庭观念较强，关注商品品质和售后服务等，则可通过表现家庭氛围的实际场景图体现商品的特点，吸引目标消费人群的点击和购买。

（3）根据推广要求定位消费者

智钻推广是一种精准的定向推广，可以帮助商家精准定位目标消费人群，提高推广效果。商家可以根据实际的运营需求有选择性地定向目标消费人群。在定向目标消费人群时，主要可以将其分为广泛人群和精准人群两种类型。

- **广泛人群**。定向广泛人群的智钻推广一般以引流拉新为主要目的，广泛人群具有人群基数范围大、对店铺和品牌没有一定认知度等特征，广泛人群的定向流量相对来说不够精准，但在大促活动期间，可以作为店铺流量的有效补充和拓展，为店铺带来新的消费者。在进行广泛人群的定向推广时，智钻创意图片的设计可以重点突出店铺的风格、突出商品的优势和卖点，快速吸引目标消费人群的注意力。如果是大促活动期间，还需要重点突出大促活动的相关信息。

- **精准人群**。定向精准人群的智钻推广一般以维护客户关系、提高消费者对品牌的忠诚度为主要目的，精准人群具有人群匹配相对精准、对店铺和品牌具有一定的认知度等特征。精准人群定向推广的流量相对比较集中，在设计精准人群定向推广的智钻创意图片时，也可以表现品牌的风格、商品的优势等，此外，还可以针对老客户福利、会员福利等进行重点展示，培养消费者对品牌的认知度和忠诚度。在大促活动期间，也需要重点突出促销的相关信息。

注意，不管是广泛人群定向推广还是精准人群定向推广，都应在目标消费人群范围中进行推广，根据浏览、点击、收藏、购买等不同行为进行有针对性的推广。

3. 智钻活动期间创意图片优化

智钻推广在促销活动期间的效果十分明显，操作得当的智钻推广，可以为店铺活动引入大量流量，带来可观的转化率和成交量。活动期间的智钻创意图片可以根据活动阶段进行实时调整。

- **预热阶段**。预热阶段指活动正式开始之前对活动进行推广，让消费者提前获取活动信息的阶段。预热阶段的主要任务一般为引导消费者收藏、关注、加购（加入购物车）等，其文案常见"抢先加入购物车""爆品提前购""加入购物车拿豪礼""新品×折"等。预热阶段的创意图片以引起消费者关注、加深消费者对活动的印象为主，因此在进行创意图片的设计时，可以对商品进行多款、多色的展现，吸引不同的消费者。另外，针对老客户人群的定向推广可以重点突出商品的上新；针对新客户人群的定向推广可以重点突出商品外观、品牌风格和优惠力度等。此外还要重点突出促销活动的内容及力度，引导消费者提前收藏、加购等。

- **爆发阶段**。爆发阶段即活动正式开启的时间段，该阶段的主要任务是促使消费者直接下单，也就是说不管是获取新客户还是维护老客户，都要重点突出活动信息，同时突出活动时间的紧迫感，促使消费者快速做出购买决策。

- **扫尾阶段**。扫尾阶段即正式活动结束后的活动返场阶段，活动返场阶段的主要目的是抓住错过活动时间的消费者，继续提高活动效果。在该阶段，智钻创意图片的视觉设计应该突出商品及文案等重点，表明活动还在持续，消费者还有机会抓住最后的时间享受活动优惠等。

知识补充

智钻创意图片与落地页的搭配

点击图片跳转到落地页后，落地页中的信息应该与智钻创意图片内容相匹配，让消费者能够快速找到想要的信息，如创意图片通过"领券"吸引消费者的关注，落地页中就应该有相应的优惠券。

4. 智钻推广图的测试优化

智钻主要有CPC和CPM两种推广方式，由于CPC（点击收费）计划会根据每张图片去预估CPM（展现收费），不能保证每个创意都可以获得均匀展现的机会，所以创意的测试只能选择CPM出价。商家可以在CPM计划的1个单元中添加多张创意图片，当每张创意图片积累了一定的展现量时，即可初步判断每个创意的质量，然后将点击率、转化率等数据较好的创意放到CPC计划中。

注意，智钻的创意图片通常有一定的使用寿命，长期使用同一个创意，图片的点击率、转化率可能会逐渐降低，因此对于商家而言，创意图片应该根据实际情况及时进行调整和更换。如果消费者对品牌已经具有很高的认知度和忠诚度，则商家可以在一定时期内固定使用同一个创意，向消费者传达既有的品牌形象。同样，商家如果想要通过智钻的推广来提高消费者对品牌的认知度，也可以长时间使用相同或具有相同特征的创意图片，加深消费者对品牌的印象。当然，如果该品牌的智钻创意图片的点击率表现不佳，要想获得展现，商家就必须提高竞价，投入更多推广成本。

7.2 活动视觉营销与效果分析

活动视觉营销即电商商家在开展各种线上营销活动时打造的视觉设计。活动是店铺运营的重要组成部分，活动营销可以营造良好的购物气氛，为店铺带来巨大的流量，促成更多的成交，是提高店铺销售额的重要手段之一。

现在电商平台的活动种类十分丰富，节假日活动、周年庆活动、平台主题活动、店铺主题活动层出不穷，在商品同质化愈加严重的背景下，要想提高活动效果，为店铺带来更多的成交，就必须懂得活动视觉营销的方法，更有效地吸引消费者参与活动。

微课视频

活动视觉营销与效果分析

7.2.1 活动视觉营销的主要作用

在电商平台中，活动视觉营销十分常见，商家可以根据自己的运营要求制定合适的活动计划，但做活动之前，商家需要了解活动视觉营销的主要作用，明确自己开展活动的目的。

1. 店铺拉新

拉新即获取新客户，也叫引流。拉新是电商运营的重要阶段，任何商品和品牌，只有不断拉新才能获得数量更大的消费群体，才有可能获取更多的活跃消费者，从而提高转化率，最终实现营收增长。有效的拉新是店铺获取新客户的重要方式，一个运营健康的店铺必然需要稳定的新客户流量，才能持续不断地创造更多的用户价值，为店铺发展提供更大的空间。因此，拉新是电商运营日常工作的重点，而开展活动是电商拉新的重要手段。

促销活动一般通过优惠来吸引潜在消费者，特别是有购买意向但还未产生购买行为的消费者，恰当的活动可以将他们的潜在需求转化为实际需求，并促成最终的成交。比如，"双11"活动期间，很多消费者在电商平台购买商品，订单中的一部分商品是确切需求的商品，另一部分商品则可能是在浏览过程中才产生需求的商品。

开展促销活动对线上店铺意义重大，新的店铺通过促销活动，可以吸引新的消费者进入店铺；老的店铺通过促销活动，不仅可以获取新的消费者，还可以维护与已有消费者的关系，通过与已有消费者的互动，增加店铺活力与曝光率，挖掘更多的潜在消费者，促进店铺的销售增长并形成良性循环，达到良好的营销效果。

2. 推广品牌

从商品推广的角度来看，有特色的品牌标志、品牌口号、品牌文化更容易引起消费者的注意和好感，特别是有一定影响力和口碑的品牌，消费者的忠诚度、影响力、自发推广能力都与普通品牌有很大的不同。可以说，在现在的电商环境中，品牌商品更具有竞争力。而从拉新、留存、促活的角度来看，口碑较好的品牌通常拥有自发的拉新、留存能力，忠于品牌的消费者会自主参与到品牌宣传中，为品牌带来新的消费者，品牌消费者之间的互动，也十分利于品牌店铺的留存和促活。

通过活动打造品牌是一种十分有效的推广方式，在策划活动时，很多商家不以直接销售商品为主要目的，主要是对品牌调性、品牌文化等进行展示，让被活动吸引过来的消费者对品牌产生印象和认知，从而提高品牌的知名度和影响力。

3. 保持店铺动态更新

互联网时代的技术、文化、消费者喜好、流行趋势、商品等，更新换代的频率都十分快。当消费者习惯了这种不断迭代的状态后，一成不变的店铺无法带给他们持续的刺激和影响，就难以使他们保持对店铺的新鲜感。因此从商家的角度看，店铺应该不定期做活动，保持店铺动态的更新，保证在消费者群体中的曝光率，这有利于消费者对店铺保持持续的兴趣与关注，维护店铺的营销效果。同时，合理的促销活动还可以有效清理商品库存，提高店铺商品的动销率。

7.2.2 活动视觉定位

活动视觉定位即活动页视觉风格的定位，独特的活动视觉可以提高消费者对活动的兴趣，将消费者更久地留在活动页，增加转化概率。根据实际运营需求，店铺可分别从故事型活动页、娱乐型活动页和促销型活动页3个方面对活动视觉进行定位。

- **故事型活动页**。通过一个故事或者一个能够贯穿页面的引子来进行活动页的视觉设计。图7-5所示的"年货节"活动，以"购买年货"为故事主线，设计"购买年货"的故事场景，将消费者快速带入传统、热闹的年货购买氛围中。
- **娱乐型活动页**。以娱乐化的视觉主题来设计活动页面，一般需结合消费者比较熟悉的风格、内容等。图7-6所示的活动页面设计，使用消费者都熟知的

"民国报纸风"，将整个页面设计成报刊的样式，极具趣味性和娱乐性。娱乐型的活动页面设计，特别是新奇、趣味的页面设计，十分容易影响消费者，但需要注意的是，页面视觉设计所使用的热点或风格，应该是目标消费人群喜欢、能理解的风格，这样才更容易引起消费者的共鸣。

知识补充

娱乐型活动页面设计

娱乐型活动页面设计的取材范围非常广，某个事件、某种现象、某张图片、某个动画、某个游戏等，只要在目标消费人群中具有一定认知度和讨论度，就可以在一定程度上吸引消费者关注。

- **促销型活动页**。即简单明了地通过页面传达促销打折内容。这类页面的利益点通常会放在显眼的位置，整个页面也以烘托促销利益氛围为主，突出促销感，增加视觉冲击力，如图7-7所示。

图7-5　故事型活动页　　　图7-6　娱乐型活动页　　　图7-7　促销型活动页

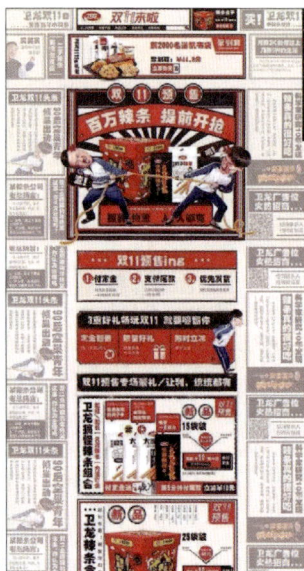

7.2.3　设计活动页视觉效果

活动页面的视觉设计十分重要，一个优秀的活动页面不仅能够完整地展示商品，还能够提高品牌形象，激发消费者的购买欲望，给消费者留下深刻印象。反之，一个视觉效果不佳的活动页面则会让消费者离开，甚至对品牌产生不良印象，造成消费者流失。

1. 确定活动主题

确定活动主题可以方便设计人员更好地对活动页面进行定位，提高页面的视觉效果和营销效果。电商平台的活动主题主要包括平台活动和店铺活动两种类型，每种类型的活动促销通常都会有一个明确的主题。比如，平台活动中的年终大促、"双11"大促，是以年终、"双11"这两个重要节点为主题开展的促销活动；店铺活动中的店庆日、会员日等则是以店庆、会员回馈作为主题开展的促销活动。

除了常规的平台活动、店铺活动，商家也可以根据运营需要制定并策划一些活动主题，如春季踏青、夏季避暑、冬季滑雪、开学季、毕业季等，或者根据商品特性策划个性化活动主题，如箱包商品策划"旅游""行走"为主题开展的促销活动、运动商品策划"飞跃""攀登"为主题开展的促销活动、衣帽商品策划"潮美""风尚"为主题开展的促销活动等。除此之外，商家也可以借助近期流行的元素、热门的话题等策划活动主题。

2. 活动页面配色

活动页面的配色并没有固定的标准，一般可以根据主题来决定，如运动、科技主题多使用低明度的冷色调或无彩色。此外，商家也可以根据促销、季节、品牌3个基本属性进行色彩的搭配，如直接展示促销信息的活动一般使用暖色调，突出页面的视觉冲击力，营造热烈的促销氛围；与季节相关的活动，则多选用与季节相关的颜色，如春绿、夏蓝、秋黄、冬白等；想要强调品牌感的活动，活动视觉设计中可以使用品牌配色，再搭配相应的促销元素。

图7-8所示的女装店铺活动页面，左侧页面只选择了红色作为点缀色对活动信息进行展示和说明，整体色调搭配仍然以品牌定位为准；右侧页面则运用红、黄、蓝的色彩搭配，营造出十分强烈的营销氛围。

图7-8 活动页面色彩搭配

在给活动页面进行配色时，商家可以通过色彩对比提高页面的整体视觉效果，快速吸引消费者的注意力。活动页色彩对比的运用与其他页面类似，包括相邻色、间隔色、互补色等常用搭配方式，同时注意控制色彩搭配的比例，突出页面的视觉氛围。

3. 活动页面布局

确定了活动主题和活动配色后，还需要为活动页面选择合适的布局形式，对店铺商品的展示层次和逻辑进行设计。活动页面的布局与首页布局类似，可以根据运营需要将其划分为不同的模块，如全屏海报模块、活动优惠模块、商品展示模块等。

活动页面布局围绕商品进行，因此要注意商品陈列的逻辑与层次，对大促商品进行逐层分解。注意，活动页面的布局要使用"扁平化"风格，方便消费者在短时间内浏览、点击更多商品，同时减少消费者跳转页面的次数和时间。

商品陈列区内容较多时，可以通过价格区间、品类、折扣模块等方式对商品进行分区，方便消费者浏览和挑选，也可以通过故事性模块进行分区，或者按照页面布局需要进行分区。

图7-9所示的活动页面布局，将活动页面分为首屏海报、专区合集、主推商品区、商品列表区几个主要模块，有层次地对商品进行展示，方便消费者浏览和选择。

图7-9　活动页面布局

活动元素运用

在活动页面的设计中，为了进一步丰富页面效果，还可以在活动页面中添加相关元素进行点缀装饰，如庆典活动中的烟花、灯笼，背景中点缀的亮光，或各种渐变色的图形等，都可以丰富页面中的促销活动氛围。

7.2.4　营造活动页营销氛围

商家开展促销活动的本质是想在限定时间、数量或平台的情况下，吸引消费者大量、集中地购买商品，促成商品短期内的高质转化，提高店铺的销售额，因此在设计活动页时，要在页面中营造适当的促销氛围，促使消费者尽快购买。

1. 突出时间紧迫感

在将消费者引流至活动页面后，可以通过营造时间上的紧迫感促使消费者尽快做出购买决策，缩短消费者犹豫的时间，一般通过限时、限量或者倒计时等方式来突出时间的紧迫感。如图7-10所示，发布倒计时、发布物流停运通知，都是为了给消费者营造一种促销的紧迫感，促使消费者在活动时间内快速下单。除了活动时间，"限时秒杀""抢购""还剩××件""仅限××件""前两小时付款减××""已抢光"等文字也能给消费者带来时间上的紧迫感。

图7-10　突出时间紧迫感

2．恰当的购买引导

恰当的购买引导是指在通过促销活动使消费者产生购买意向后，还必须设计方便、人性化的购买引导，为消费者的购买提供便利，如商品描述的结尾显示"购物车""购买"等按钮。此外，商家也可在商品信息处继续向消费者展示优惠信息，让消费者在犹豫不决时快速做出购买决策。图7-11所示的购买引导页面中，在商品下方设置"抢购"按钮，在商品上方增加立减信息，既方便消费者直接选购商品，又加强了对消费者的心理暗示，将消费者带入浓烈的营销氛围中，促使其快速购买。

图7-11　购买引导

知识补充

重复提醒优惠信息

很多商家都在店铺首页以大篇幅海报的形式展示促销信息，但当消费者来到商品详情页面时，却没有显示任何折扣、满赠、免费礼品等优惠信息，此时消费者可能已经忘记浏览首页时看到的具体促销内容，商家也因此失去了再次说服消费者购买的机会。因此在消费者自活动页面跳转至商品详情页时，商家还应该对优惠信息进行重复提醒和展示。

3．实际的优惠

实际的优惠是指让消费者清楚了解活动的具体优惠情况，让消费者感受到优惠的力度，刺激其产生购买欲望并促使其产生购买行为。实际优惠的形式很多，如折扣、满赠、免费礼品等。在展示优惠信息时，一定要具体、准确，如满减优惠往往直接展示满减金额，满赠优惠则直接展示赠送的商品。在选择赠品时，商家可以选择与店铺相关的赠品，也可选择目标消费人群感兴趣的赠品，如果赠品信息具有一定的价值，也可以将其展示出来，让消费者感受满赠的"划算"。图7-12所示的满赠信息，直接展示了赠品的数量和价值，让消费者快速体会到赠品的价值。

具体的优惠类型、优惠情况可依据商品性质而定，如很多数码商品赠送3年保修、3个月包换等服务，就是将服务作为直接利益来吸引消费者注意力的。

图7-12　实际的优惠

7.2.5　活动效果分析

在电商竞争越来越激烈的今天，活动已经成了平台之间、商家之间争夺消费者、扩大影响力、提高销售额的重要手段，甚至对于很多活动型店铺而言，活动效果直接左右着店铺的最终盈利。为了提高活动营销的效果，商家在活动前需要对数据进行分析预测，在活动中需要对数据进行整理监控，在活动后还要对数据进行复盘优化。

一般来说，活动营销效果直接体现在支付转化率、支付买家数、客单价、支付金额等核心指标上，商家可通过数据分析工具查看，图7-13所示为生意参谋中的活动作战核心数据统计。高支付转化率的活动，不仅需要商家对活动进行准确定位，吸引到精准的目标消费人群，还需要在活动中营造好的营销氛围，展示足够的直接利益，促使消费者下单。

图7-13　生意参谋的活动作战核心数据统计

当然，活动页作为流量承接页，对消费者主要起到引导作用，商品最终的转化依然通过商品详情页来完成。要想分析活动页是否起到良好的引流效果，商家可以使用生意参谋的分析工具，查看活动页中各模块的点击情况，跟踪消费者的购物路径，了解真实的营销效果。对于消费者浏览较快、点击较少的模块和商品，可分析其原因，并进行相应优化。

知识补充

生意参谋活动作战室

生意参谋的活动作战室可以对活动的各种详细数据进行分析，包括活动核心指标、活动目标完成度、活动效果趋势、活动引流情况、活动访客分布和活动优惠工具使用情况等。

课堂实训——分析活动页视觉营销效果

实训目标

本实训要求分析图7-14所示的活动页，从活动视觉定位、活动视觉、活动氛围等多个方面分析其特点和效果。

图7-14　活动页（部分）

实训思路

根据实训目标，分别从活动视觉定位、活动视觉、活动氛围等方面分析活动页的视觉营销效果。

- **分析活动视觉定位**。该活动页定位为营销型活动视觉，以展示营销信息为主，通过优惠信息吸引消费者浏览。
- **分析活动视觉效果**。该活动页颜色以红、黄暖色为主，搭配灯笼、祥云、仙鹤、金鼠等视觉元素，营造出"贺新春"的活动氛围。页面中主要使用了优惠活动区、商品列表区等模块，简单直接地对营销商品进行了展示。
- **分析活动氛围**。该活动页在视觉上营造了热烈、热闹的活动氛围，并通过快递通知等文案营造了时间上的紧迫感，将消费者很好地带入了紧张的营销氛围中。同时，直观地展示了优惠信息，通过大额满减吸引消费者关注并促使其产生购买行为。

📈 课后练习

练习1 分析活动页的视觉效果

假设一个主营小家电商品的店铺计划在年中开展一次促销活动，试着讨论如何设计该促销活动页面的色彩搭配和页面布局。

练习2 策划活动主题

假设某运动品牌计划在开学季策划一个面向中学生的促销活动，谈谈如何策划该活动的主题。

PART 3

第8章 移动端视觉营销

案例导入

　　智能移动设备的普及和发展，将电商带入了移动交易的时代。以天猫商城为例，2012年的移动端收入占比仅为5%，到2017年就已经发展到90%以上，2018年和2019年，移动端用户也都有所增长。对于消费者而言，与PC端购物相比，移动端购物更加便捷高效，可以利用碎片化时间随时随地购物；对于商家而言，移动购物、移动支付也为店铺带来了更广泛的收益。

　　当移动购物逐渐成为消费者网络购物的主要方式，移动端店铺就逐渐成为商家运营的主要阵地，移动端店铺的视觉装修也就成了店铺运营工作的重中之重。电商运营人员必须重视移动端店铺的视觉营销，满足消费者的移动消费需求，为其提供更完善的购物服务。

学习目标

- 了解移动互联网时代的电商模式
- 掌握移动端店铺首页视觉营销的方法
- 掌握移动端店铺商品详情页视觉营销的方法

案例展示

商品分类样式

商品细节展示

8.1 移动电商模式下的电商视觉

随着信息技术和网络技术的发展，移动智能终端将电子商务带入了一个全面发展的阶段，移动支付的普及、移动电商应用的快速更新为人们的网上购物生活提供了极大的便利，现在除了年轻消费者，越来越多的中老年消费者也加入了移动购物的行列，进一步巩固了移动电子商务在商务活动中的作用和地位。移动购物人数的增加，即意味着移动端流量的增加，移动电商是电商模式的大势所趋，可以说，在移动购物已成为购物发展趋势的现在，商家必须把握机会，迎合消费者移动购物的需求，最大化抓住移动端入口的用户和流量，才能使店铺获得更有利的发展。

8.1.1 移动端店铺的视觉设计规范

从运营的角度来看，移动端流量是现在很多店铺的主要流量来源，是影响店铺销售额的重要因素。从视觉营销的角度来看，面对众多强有力的移动端竞争者，商家只有做好移动端的视觉营销，才能抢占更多优质的移动用户和流量，有效提高店铺的整体转化和销量。

移动端视觉营销方式与PC端大致类似，大部分的设计手段、营销手段都可通用，但要注意调整移动端店铺视觉的展示方式，使其更加符合移动端消费者的浏览习惯。同时，移动端店铺页面的视觉设计受到移动设备系统、储存设备等软硬件的限制，显示的信息内容有限，为方便消费者的浏览，在设计时需要注意以下几点。

- **重点突出，内容简洁分明**。移动端的显示空间有限，若页面信息烦琐杂乱，会影响消费者的浏览体验，因此要化繁为简，突出页面的视觉重点和信息重点，使页面内容简洁易辨识。同时要注意调整字号，使用适合竖屏浏览的方式对信息进行排版。

- **以图片为主**。对于移动端用户而言，图片的影响力和营销效果更明显，因此信息展示多以图片为主，且图片的构成元素都十分简单，色彩、图片、文字、创意等都比较简洁。

- **图片大小合适**。由于移动端的购物体验受移动设备信息加载速度的影响，为了保证消费者快速流畅地浏览移动端页面，应在确保图片清晰度的前提下，尽量控制图片的尺寸，防止出现图片加载缓慢的情况。设计人员可以在设计时通过切片工具对整个图片进行切割，或使用压缩工具对图片进行压缩，以减少加载页面的时间，提升消费者的浏览体验。

- **色调简洁统一**。移动端屏幕受移动设备屏幕显示尺寸的限制大小有限，简洁整齐、条理清晰的页面更容易让消费者抓住页面的视觉重点，同时还可避免视觉疲劳。因此在进行移动端页面设计时，要保证色调简洁统一，舒适自然。

- **颜色明亮**。明亮的颜色可以增加商品图片的视觉美感，让页面显得活泼生动，同时还可以确保消费者在各种条件下（省电模式、光线过强等）清晰地查看页面和商品。

- **部分模块重点展示**。对店铺的商品分类、促销活动和优惠信息等消费者重点关注的信息要重点展示。

8.1.2 移动端店铺的视觉营销思路

移动端流量是店铺主要流量入口之一，在设计移动端店铺的视觉营销时，除了要对其配色、排版、图片、文案等进行美化和设计，还必须灵活运用移动端的营销特色，对店铺流量进行有效的引导，提高流量转化率和店铺销售额。下面主要对比较具有移动端特点的视觉营销思路进行介绍。

- **引导消费者关注店铺**。引导消费者关注店铺是移动端十分有特色的一种功能，消费者关注店铺后，即可在微淘中查看店铺动态。商家通过关注功能可以及时将店铺和商品推送至消费者面前，提高店铺的曝光率，加深消费者对店铺的印象。为了提高关注率，商家可以将优惠券与关注店铺结合使用，如关注店铺后领取超值优惠券等。商家还可以为关注店铺设置动画效果，提高其视觉吸引力。与关注店铺类似的还有加入会员、加入店铺群聊等。
- **灵活设计导航和分类**。移动端店铺首页的导航和分类设计比较自由，为了将访客流量最大化，同时在有限的显示屏幕中将店铺分类、"爆款"商品或主推活动快速直接地展示给消费者，可以让分类导航一直悬浮在首页顶端，提高店铺的点击率和转化率，优化消费者的购物体验。此外，店铺商品分类应明确清晰，可以帮助消费者快速找到所需商品，加深消费者对品牌的认知和理解。
- **优化交互体验**。PC端主要通过鼠标间接交互，而移动端则通过手指与屏幕直接交互，相比而言，移动交互体验更直接，但受移动设备显示尺寸的影响，互动区更小，因此互动设计要明显，易于操作，如按钮设计要醒目，大小适中，适合点击。此外，部分移动端用户习惯单手持机操作，因此屏幕边缘信息容易被遮挡，商家应注意针对这种情况调整信息的展示区域。同时，移动端的商品分类按钮不宜过小，否则容易让消费者出现错误点击。访问路径也应该尽量直接，且图片页面不宜过长，避免消费者出现操作疲劳，导致流量跳失。

8.2 移动端店铺首页视觉营销

微课视频

移动设备操作的便捷性使移动端消费者读取信息的速度更快，特别是对于利用碎片化时间购物的消费者而言，很多信息几乎是一扫而过，这就要求移动端店铺页面必须在很短

移动端店铺首页视觉营销

的时间内就要吸引到消费者，以引起其浏览与购买的兴趣。因此，商家在进行移动端店铺首页视觉设计时，要在基于移动端浏览特点的基础上，对店铺首页的视觉进行再设计，以便有效地吸引消费者来点击。

8.2.1　移动端店铺首页的视觉定位

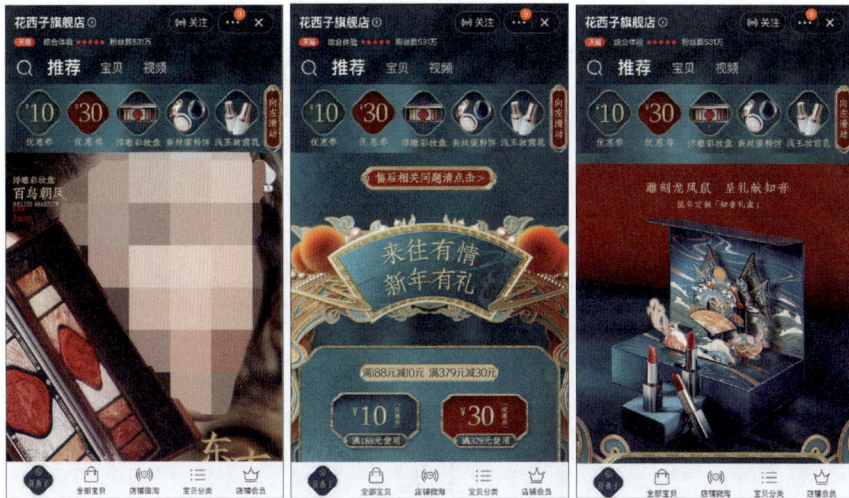

随着淘宝个性化流量分配机制的加强，精准人群的权重变得越来越重要，店铺目标消费人群标签和店铺商品的个性标签匹配程度越高，店铺就越容易获得流量。可以说，精准的目标消费人群已经是淘宝运营店铺的核心指标，而移动端店铺作为店铺流量的主要端口，也应该在店铺视觉定位上体现店铺商品的个性标签，以吸引精准的目标消费人群，为店铺带来可观的流量和良好的转化率。

移动端店铺首页的视觉定位与PC端一样，主要根据店铺商品风格、目标消费人群喜好等进行定位。一般来说，不同的商品类目、不同的商品，其拍摄风格和视觉设计风格也不相同，但最终呈现出的视觉页面都应该要符合目标消费者的审美要求。移动端店铺首页受移动设备屏幕显示尺寸的影响，可展示的内容不多，当店铺商品视觉风格的独特性不强时，视觉设计人员可以依据个性化的精准目标消费人群标签对店铺首页重要细节进行突出设计，从细节处体现风格，迎合消费者的喜好。

现在大部分的移动端店铺首页视觉设计都与PC端保持一致，只是根据移动端设备的显示特征进行了恰当的调整。图8-1所示的花西子旗舰店的移动端店铺首页，该品牌主打国风美妆，其店铺首页的配色、排版、文案设计、元素设计等都统一呈现出雍容华贵、精致、古典的神秘东方之美，可以快速吸引喜欢国风美妆的消费者的注意力，使其对品牌产生认同感和忠诚度。

图8-1　国风美妆品牌移动端店铺首页的视觉定位

8.2.2　移动端店铺首页的框架布局

PC端店铺首页主要用于展示店铺的品牌形象、店铺活动、主推商品等信息，移动端店铺首页的作用与之类似。但与PC端店铺首页的访问情况相比，移动端还可以通过二维码、微信公众号等方式进行访问，具有很强的引流作用，因此在设计移动端店铺首页时，要针对各个模块进行合理的布局，将消费者有效地引导至相关的商品页面。

设计移动端店铺首页时应先规划页面的框架结构，明确页面的内容展示逻辑方向，再结合消费者的消费心理进行布局，吸引消费者持续浏览页面并促使其产生购物行为。根据移动端消费者的浏览特点，移动端店铺首页的展示内容通常比较精简，主要包括店招、首屏焦点图（首焦图）、优惠活动区、商品分类区、商品列表区等主要部分，以及其他具有移动端特点的功能版块，能精炼、明确、主次分明地呈现首页内容，最大化刺激消费者的购物欲望。

1. 店招

与PC端的店招相比，移动端店铺店招的视觉设计更加简洁，大部分店铺通常直接使用一张图片作为店招的背景底图，如使用模特图作为店招背景底图、使用品牌色作为背景底图、使用简单的背景底色和文案作为背景底图等。在选择背景底图时，注意图片应与店铺有直接或间接的关联，如在使用模特图作为店招背景底图时，模特的形象和展示应能体现店铺风格，说明店铺的主营商品；使用品牌色作为店招背景底图时，应能强化品牌的识别效果，加深消费者对品牌的印象；使用简单的背景底色和文案作为店招背景底图时，应能展示品牌文化和内涵，或展示店铺内的最新活动、优惠等。图8-2所示为不同样式的店招效果。注意在设计店招效果时，如果需要通过店招传达重要信息，则该信息尽量不要被店铺名称所遮挡。

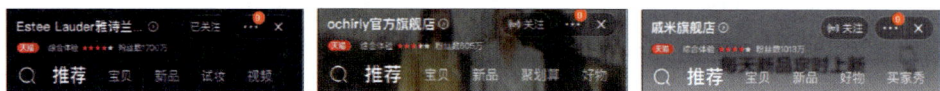

图8-2　移动端店铺店招

2. 首屏焦点图

与PC端店铺首页的全屏海报一样，移动端店铺首页同样需要通过焦点图来快速聚焦消费者的视线，展示店铺的最新动态或活动信息，以吸引消费者继续浏览页面。为了适应消费者在移动设备上的浏览习惯，商家可以将移动端店铺首页焦点图的宽度设置为640像素，着重展示商品主体和主要文案，缩短消费者接收信息的时间，提高消费者浏览的效率。在设计移动端店铺首页的首屏焦点图时，商家可以直接在PC端全屏海报的基础上进行元素重构，按照移动端设备的显示特点对各元素进行重新排版，突出显示重要信息。如图8-3所示，移动端店铺的首屏焦点图与PC端类似，但采用了竖版设计结构，以便移动用户浏览。

图8-3　PC端店铺首页的首焦图和移动端店铺首页的首焦图

与PC端的全屏海报相比，移动端店铺的首页焦点图为了适应移动设备的屏幕显示特点，其宽度更小，因此，首焦图两侧的留白较少，主要以商品和文案展示为主。在构图上，也由左文右图变成了上文下图的形式，这种形式可以让首焦图占满移动端页面的第一屏，并在准确传递信息的基础上，以更突出的视觉冲击力来吸引消费者关注。

3. 优惠活动区

优惠活动区包括优惠券信息和活动信息两个部分，一般位于首屏焦点图的下方。当消费者被首屏焦点图吸引了注意力之后，继续往下浏览就可以看到店铺优惠信息和店铺活动信息。优惠券和活动优惠是刺激消费者继续浏览页面和购买商品的重要模块，也是移动端店铺首页视觉设计的主要对象之一。移动端店铺的优惠券设计方法与PC端类似，主要突出优惠面额，且一排中优惠券的数量不宜超过3个，否则图片过度压缩，不方便消费者阅读。移动端的优惠券视觉设计也可在PC端优惠券视觉设计的基础上进行合理重构。活动信息通常是商家希望被消费者首先获知的信息，也是吸引消费者继续浏览、点击购买的重要信息，其视觉设计与PC端活动区类似，图8-4所示的移动端优惠活动区，设计风格、排版等与PC端优惠活动区保持了一致。

图8-4　PC端店铺首页的优惠活动区和移动端店铺首页的优惠活动区

当然，商家也可根据店铺首页的实际设计需求对移动端优惠活动区的展示方式进行适当调整。如果在移动端活动区进行视觉设计时，需要以活动商品的展示为主，则商家通常展示店铺中最具竞争力的商品，并搭配活动信息给予消费者一种物超所值的感觉。在展示商品时，可以通过排版的变化对活动商品的主次进行区分，如将某一个热销品或新品作为推广重点时，可通过横排构图的方式占满移动设备的整个横屏，以重点突出该商品的活动力度；其他商品可采用双栏排版的方式进行呈现。

4. 商品分类区

与PC端店铺首页的商品分类一样，移动端商品分类也以展示店铺商品的主要类型，并精准、快速地将消费者引导至相关分类页面为目的。商品分类区的视觉设计可以与PC端保持统一，但排版应适合移动端的屏幕显示特点，方便消费者查看和点击。图8-5所示的移动端店铺首页商品分类区就与PC端店铺首页的商品分类区视觉设计一致，但在排列布局上进行了调整，使其更符合移动端消费者的浏览需求。此外，为了方便消费者的选择和跳转，很多移动端店铺在店铺首页会设计悬浮式的分类模块，这样无论消费者浏览至页面什么位置，都可即时进行跳转。

图8-5　PC端店铺首页的商品分类区和移动端店铺首页的商品分类区

5. 商品列表区

商品列表区是移动端店铺首页的主要模块，主要用于对店内主推商品、热销商品等进行展示，以吸引消费者点击购买，合理的商品陈列方式可以增加商品的曝光率与流量。商品列表区一般通过高质量的商品图片、商品标题、商品价格等信息展示店铺商品，图8-6所示为PC端店铺首页商品列表区和移动端店铺首页的商品列表区，比较后可以发现，移动端商品列表的描述性文案字体更大、内容更简洁、更方便消费者获取重要信息。商品列表区的排版在保持美观的基础上也应该便于消费者浏览，因此在该商品列表区很少使用多个商品并排展示的情况，一般以一排1列、2列或3列的方式进行灵活布局，此外也可通过滑动排列的方式展示更多商品。

图8-6　PC端店铺首页的商品列表区和移动端店铺首页的商品列表区

6. 其他具有移动端特点的版块

基于移动端设备的电商运营具有信息及时、实时互动等特点，各大电商平台为了帮助商家更好地进行客户关系管理、提高转化和销量，开发了很多具有即时通信特点的首页模块。商家可以根据当前阶段的运营目标将淘宝直播、淘宝购物群、加入会员、关注店铺、买家秀、买家评论等可以吸引消费者注意力、具有较大引流能力，或有利于维护消费者关系的模块添加到店铺首页顶端，以方便消费者观看店铺商品直播，有效提高相关商品的转化率；或加入店铺粉丝、会员的群聊，维护消费者关系，培养消费者对商品、对品牌的忠诚度。图8-7所示为在店铺首页常见的直播提醒模块、买家秀和淘宝群聊模块。

图8-7　移动端店铺首页的其他模块

与PC端相比，移动端店铺首页的模块设计更具个性化，商家可以根据运营需求进行调整，但需注意这类模块不应占据较大版面，大部分消费者进入店铺首页最希望了解的信息主要还是优惠、活动和商品信息。

8.3 移动端店铺商品详情页视觉营销

移动端店铺商品详情页的设计逻辑与PC端一样，商品详情页内容也大多都与PC端保持一致，只是在排版上必须考虑移动设备的显示特性。由于使用移动设备浏览过程中需要消耗设备的电量和流量，因此移动端店铺商品详情页的内容通常十分精简，要符合消费者使用移动设备时碎片化阅读的典型特征，同时基于移动设备屏幕显示尺寸有限、竖屏浏览等特点，商家应对商品详情页的字体大小、字体数量、图片比例等进行了恰当重构和调整。

8.3.1 移动端店铺商品详情页设计要点

移动端店铺商品详情页的设计风格一般可与PC端保持一致，与店铺、品牌的风格、调性进行统一，具体表现在用色、排版、字体设计、设计元素应用等方面。此外，为了符合移动端设备的显示特性和移动用户的浏览习惯，商家在设计移动端店铺的商品详情页时，还应该遵循以下几个要点。

- **装修逻辑**。移动端商品详情页的主要功能是打动消费者，促使其做出购买决策，为了实现这个目的，在装修过程中应根据消费者的消费心理搭建逻辑构架，拉近与消费者的距离，赢得消费者的好感。因此在设计移动端商品详情页时，要直接快速地告知消费者商品的真实信息，有逻辑性地对商品信息进行介绍；通过文案拉近与消费者的距离，带给消费者亲切感，部分商品还可以抓准消费者痛点，用文案与消费者对话，使消费者对商品产生基本认知；营造符合实际的、可以打动消费者的商品使用氛围或商品营销氛围，将消费者带入美好的想象中；展示商品的正规性与规范性，获得消费者的信任。

- **页面设计**。移动端的商品详情页，信息一定要精简直接，排版不美观、内容烦琐的文案说明很容易使消费者产生阅读疲劳，不利于信息的传达。商品图片应该基于商品实拍图片设计，并在合理范围内进行美化，保证商品的真实性。商品详情页中关联商品的选择应该与当前商品存在一定关联性（参考PC端关联商品设置），不要盲目设置，否则难以起到引流作用。同时关联商品的数量不宜过多，否则会影响页面加载速度，也会影响消费者获取主要商品信息的速度。

- **商品设计**。在商品详情页的前三屏中，就应该对商品卖点和重要信息进行清晰描述，同时合理展示商品特征、商品优点、商品可以带给消费者的利益点等消费者在购物时比较关注的内容。

8.3.2 按屏展示内容

为了适应移动设备的显示特点，移动端店铺商品详情页中的图片、文案排版都以方便竖屏模式浏览为主，因此在商品详情页设计上，每个模块的图片也应该适用竖版图片，以高效传达商品信息，带给消费者舒适的视觉感官体验。同时为了配合消费者的浏览习惯，商家应该按屏展示商品内容，如一图一主题，且一图占满一屏，这样的排版方式可以带给消费者更具冲击力的视觉感受，提高页面的视觉影响力和表现力，同时方便消费者有规律地滑动屏幕浏览信息，图8-8所示的商品详情页，每一屏为一张完整图片，展示一个或最多两个商品卖点。如果根据实际设计情况，无法保证每一张图片都呈现为完整的一屏，也应该尽量保证每一幅主图的高度不小于屏幕高度的3/4，这样可以使消费者阅读每一屏时，只聚焦一个主题，注意力更加集中。

图8-8　按屏展示内容

8.3.3　展示商品形象

　　了解详细的商品信息是消费者进入商品详情页的主要目的，而移动设备的屏幕尺寸有限，很多时候无法像PC端一样全面、细致地从各个角度对商品进行展示，因此在设计时要注重突出商品主体，在有限的范围内将商品主体的外观、卖点、功能等消费者想要了解且可以打动消费者的重要信息精炼地展示给消费者。在商品详情页的视觉设计过程中，可以通过以下手法来加强商品的表现力。

- **居中放置商品**。将商品放置在屏幕的正中间，使消费者的视线第一时间聚焦在屏幕正中心，快速对商品形成大致印象；然后将简单的文案信息放置在商品的上方或下方，对商品进行辅助说明。
- **背景颜色对比**。通过恰当的背景颜色对比可以快速突出商品形象，加深消费者对商品的印象，具体而言可以根据实际设计要求灵活使用相邻色、对比色、互补色等进行对比。注意在选择背景颜色时，背景应尽量干净简洁、色彩单一，这样才能更清晰地突出商品本身。

- **适当留白。**虽然移动端商品详情页的页面宽度有限，但不能为了表现丰富的信息而在页面中添加太多内容，给消费者的浏览和阅读带来不便，可以通过适当留白的方式来提高商品的视觉表现力和页面的美观度。

图8-9所示的移动端商品详情页，商品作为展示主体，位于页面正中心，并通过不同的颜色对比对商品进行修饰、突出显示，提高了商品的视觉吸引力。传达的信息精准而简洁，恰到好处的留白提高了整个页面的表现力。

图8-9　突出展示商品

8.3.4　展示重要细节

在移动端店铺的商品详情页中进行商品细节的展示时，应重点展示商品的重要细节，并将商品细节局部放大，以突出展示商品的品质和视觉冲击力；同时也应该注意图片的精度，要选择清晰、高质量的商品图片来进行放大、裁剪操作。若商品图片的质量不佳，可重新拍摄商品的局部细节，以提高商品细节的表现力。

为了准确地展示消费者最想了解的商品细节，加深消费者对商品的了解，设计人员要在熟悉商品卖点和优势的基础上，根据商品的功能特点对细节进行更准确的提炼，寻找更有效果的展示方式。一般来说，服装、箱包、鞋靴、家具类商品常见的商品细节可从以下角度进行提炼。

- **服装类商品细节图。**服装类目的细节展示一般包括款式细节（领口、门襟、袖口、裙摆、褶皱、腰带、帽子等）、做工细节（走线、针距、线粗、内衬锁边、褶皱、裁剪、熨烫等）、面料细节（面料材质、颜色、面料纹路、面料花纹等）和辅料细节（里料、拉链、纽扣、订珠、蕾丝等）。

- **箱包类商品细节图**。箱包类目的细节展示包括一般款式细节（袋口、包扣、拉链、肩带、褶皱等）、做工细节（绲边、走线、铆钉等）、材质细节（微距拍摄面料、颜色、花纹、厚薄，以及里料的展示）和配件细节（拉链、包扣、肩带等）。

- **鞋靴类商品细节图**。鞋靴类目的细节展示一般包括款式细节（全貌、帮面、后帮、鞋跟、鞋底等）、材质细节（材质、纹路、花色等）、辅料细节（拉链、配件、流行元素、品牌洗涤等）。

- **家具类商品细节图**。家具类目的细节展示一般包括建材细节（木料、纹理、防腐性、耐热性、防潮性等）、油漆细节（打磨、底色、擦色、磨砂、面油等）和工艺细节（手工打磨、纹理清晰、弧度、拼贴等）。

在展示商品细节时，标品（有明确的规格、型号）着重展示功能细节，突出商品卖点，体现与同类商品的差异，如很多家电、数码类商品外观上的差异比较小，因此以功能展示、服务展示为主；非标品（没有明确的规格、型号）可重点展示外观细节，特别是外观比较独特的商品，可通过外观快速吸引消费者的注意力，如服装、鞋包等类目的商品功能比较统一，则重点展示外观。图8-10所示为箱包商品和数码商品的细节展示风格。

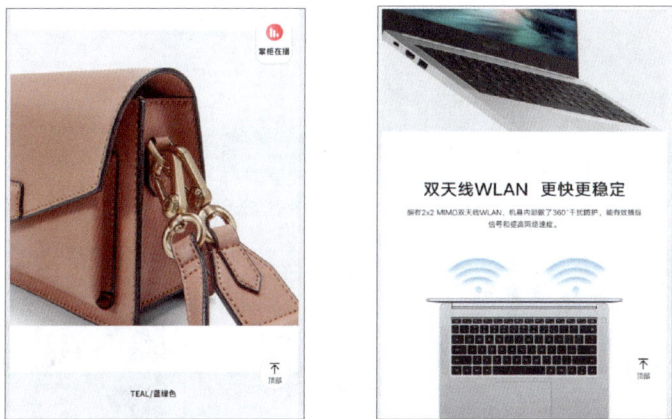

图8-10 展示重要细节

知识补充

多数据、多文字的展示

　　移动端用户在浏览商品详情页时通常速度较快，因此商家在展示商品功能、参数等需要大量数据和文字等进行说明的信息时，应保证文字的简洁和整齐，自上而下进行排版，方便消费者阅读。

8.3.5 展示关联商品

商品详情页的关联营销可以对流量进行有效引导，延长消费者在店铺中停留的时长和增大消费者下单的概率，因此很多商品详情页中都添加了关联商品。关联商品模块的设计与PC端类似，但关联内容相对来说更精简。由于移动设备受屏幕显示尺寸的限制，不宜在关联区域展示过多商品，以免消费者迟迟无法看到所需的商品信息，影响消费者的浏览体验。因此，在展示关联商品时，关联的商品数量不宜过多，一般横排排列数量不宜超过3个，图8-11所示为手机淘宝中的标准关联商品的关联推荐展示模块。

图8-11 手机淘宝中的关联推荐模块

总的来说，移动端店铺商品详情页的展示逻辑与PC端类似，通常包括首焦图、商品全图、商品细节图、商品参数图、服务和物流图等内容，可以根据消费者对商品的实际消费心理灵活调整展示顺序。

课堂实训——分析数码商品的移动端商品详情页

实训目标

本实训要求分析图8-12所示的某数码商品的移动端商品详情页（部分），从主商品整体形象展示、功能细节展示、关联商品等多个方面分析其特点和效果。

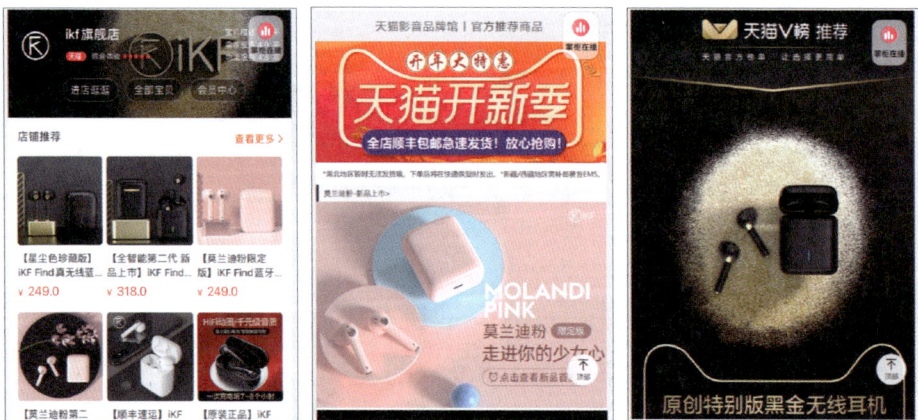

图8-12 某数码商品的商品详情页（部分）

图8-12 某数码商品的商品详情页（部分）（续）

🍎 **实训思路**

根据实训目标，分别从主商品整体形象展示、功能细节展示、关联商品等方面分析该数码商品的商品详情页的视觉营销效果。

- **分析主商品整体形象展示**。通过首焦图（第1排第3张图）对主商品的整体形象进行了展示，黑色和金色的对比使用具有极强的视觉冲击力。此外，还在页面下方对商品主图进行了实拍展示（第2排第2张图）。

- **分析功能细节展示**。通过图片和文案的结合，同时结合消费者对商品的实际需求，简洁精准地对商品功能、卖点等进行了重点介绍（第2排第1张图）。

- **分析关联商品**。将"店铺推荐"模块放置于商品详情页的开头位置，方便消费者了解店铺内热销商品和关联商品（第1排第1张图）。同时，还在商品详情页的开头位置对店铺内新品进行了推荐（第1排第2张图），采用横屏海报的样式，具有较大的视觉表现力，可以有效吸引消费者的注意力。

📈 **课后练习**

练习1　分析个人护理商品的首页视觉设计

假设一家主营个人护理商品的店铺要设计移动端店铺首页的视觉效果，试着分析该店铺可以在首页添加哪些模块。

练习2　分析数码商品的商品展示图

假设要为一款无线鼠标商品设计商品详情页，试着分析可以从哪些方面展示该款鼠标，需要展示哪些商品细节。

第 9 章

电商主图视频和直播视觉营销

● 案例导入

关注过淘宝直播的消费者可能对"带货"这个词不会陌生。"带货"，简而言之就是推销商品的能力。某淘宝人气主播在2018年的"双11"创下了直播销售3.3亿元的惊人成绩，很多"带货"能力强的主播1天可以创下一个店铺1个月、甚至1年的销售额。

自电商进入移动消费时代，主图视频和直播对店铺流量和转化率的影响不断加深，特别是在当下这个以移动购物为主的电商环境中，基于移动端的主图视频和直播对消费者的带动效果表现得更加直接。消费者随时随地都可以通过移动设备进入购物平台，通过直观真实的主图视频和直播了解商品，很多消费者即使并没有明确的购物目标，也可能在主图视频和直播的引导下做出购物决策。因此对于商家来说，懂得用主图视频和直播进行有效运营，就有可能在日渐激烈的电商市场中获得更大的商机。

● 学习目标

- 了解电商主图视频和直播
- 了解电商主图视频的视觉营销
- 了解电商直播的视觉运营

● 案例展示

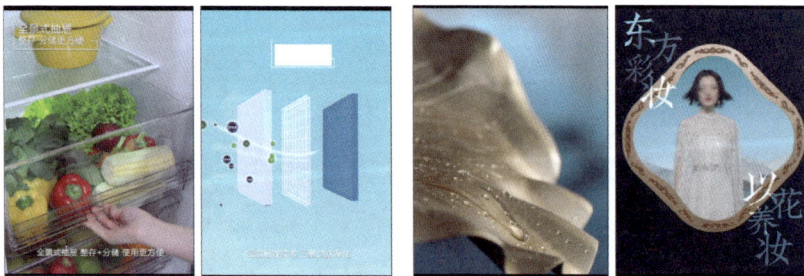

主图视频展示

9.1　认识电商主图视频和直播

电商主图视频和直播是现在电商领域中非常热门且能有效地提高商品转化率的方式。在电商平台中，比较常见的短视频形式如主图视频、商家详情页视频、店铺首页视频等；电商直播主要通过电商平台的直播功能进行展示，引导电商平台的流量进入店铺，最终实现转化。

9.1.1　主图视频与流量

在淘宝电商平台中，主图视频的应用十分常见。为了提高消费者的购物体验，让消费者看到全面完善的动态商品展示效果，平台非常鼓励商家多通过短视频展示商品，淘宝流量渐渐向主图视频倾斜，主图视频对店铺的影响越来越大。

1. 主图视频的展示位置

主图视频最常规的展示位置在商品详情页第一屏的主图位置上，消费者点击商品主图进入商品详情页的第一时间，即可看到商品的主图视频。在手机淘宝中搜索商品时，点击搜索页面顶部的"视频"选项，可以直接查看搜索结果中的商品主图视频，图9-1所示就是商品详情页中的主图视频和搜索页中的主图视频。从运营的角度来看，主图视频可以增加商品的权重，多维度提高商品的转化率，同时可以优化商品收藏、加购等数据，具有较强的辅助转化作用。

图9-1　商品详情页的主图视频和手机淘宝搜索页中的主图视频

2. 主图视频的引流

单从店内运营的角度来看，商品详情页中的主图视频主要可以起到增加商品权重、提高商品转化率等效果，但搜索页中的主图视频除了这两个作用之外，还具有较强的引流能力。当消费者搜索商品并直接查看主图视频时，通过搜索页的主图视频即可在短时间内对商品信息有一个直观、全面、灵活的了解。与商品主图相比，主图视频可以从多张图片、多个文案，以及背景音乐等多个方面来表现商品，其视觉表现力和影响力更加丰富，对消费者的影响更大，因此引流能力也相对更强。如果主图视频有机会展示到整个电商平台中，如展示在手机淘宝首页、有好货、猜你喜欢、爱逛街等淘宝公域的大流量区域，还可为商品和店铺带来更多的流量。

9.1.2　直播与转化率

随着消费者消费需求的不断升级，电商以搜索为导向的购物需求逐渐向以内容引导为导向的购物需求进行转变。也就是说，商家的流量不再仅仅依靠搜索获取，通过为消费者提供有价值的优质内容来获取优质流量也成为电商运营的重要手段，而直播就是电商内容营销中十分典型的营销模式之一。

1. 淘宝直播的展示位置

以淘宝平台为例，淘宝直播主要通过淘宝的直播平台进行展示，消费者通过手机进入淘宝平台的直播版块后，即可查看相关直播活动。此外，如果某店铺正处于直播过程中，消费者通过店铺页面中的直播提示也可查看直播，图9-2所示为手机淘宝首页直播版块中的直播和店铺中的直播提醒。在手机淘宝首页的直播版块中，一般会根据不同的类目标签进行展示，与淘宝其他搜索展示机制一样，淘宝直播展示也应用千人千面的功能，将直播展示给与标签更匹配的消费者。此外，淘宝系统会根据店铺直播的综合数据[如累计观看、宝贝点击、直播间流量、粉丝观看时长、粉丝回访、商品点击效果、粉丝点赞、直播加购、分享宝贝、粉丝互动（抢红包、抽奖等）和粉丝关注等]进行权重排序，排序靠前的商家展示机会更多。

图9-2　手机淘宝直播版块以及店铺首页、商品详情页中的直播提示

2. 淘宝直播的转化能力

淘宝直播是一种动态的视听直播模式，与传统的图片、文案模式相比，淘宝直播可以实时展示商品的真实信息，体现出商品在外观上和使用过程中的诸多细节。同时，淘宝直播具有较强的互动性和趣味性，消费者可以通过淘宝直播直接与主播

进行交流，更深入地了解商品和商家，主播则可以通过趣味性的语言技巧、展示技巧，拉近与消费者的距离，提高消费者购买商品的概率。

除此之外，直播还具有即时性的特征。当主播通过语言介绍、发放优惠券、发起抽奖等行为营造出热烈的购物氛围和紧迫感后，可以更快速地打动消费者，使其尽快下单购买商品，迅速成交。

淘宝直播的转化率主要受主播能力和品牌质量两个方面的影响：一般来说，粉丝数量多、粉丝购买力强的主播，其推荐商品时商品的转化率会更高；此外，品牌口碑好、影响力大的主播，直播时的转化率也会相对更高。

随着消费者对直播关注度的不断提高，直播已逐渐发展成为一种新的消费者生态，商家必须对直播的价值引起重视，积极突破，才能紧跟淘宝等电商平台的营销风向，获得更多的流量倾斜和直接利益。

9.2 电商主图视频视觉营销

电商主图视频主要用于展示商品和品牌等，可以增强消费者对商品和品牌的了解和信任。主图视频中的内容十分丰富，融合了文字、声音、视频等多种内容形式，以直观立体的方式对商品进行展示，以满足消费者对商品更深层次的诉求，促进商品与消费者之间的沟通和信息转化。

微课视频

电商主图视频视觉营销

9.2.1 电商主图视频视觉定位

要对电商主图视频进行视觉定位，首先必须明确视频的制作方向。一般来说，电商主图视频主要有全面展示商品、体现设计理念、加深品牌印象等作用（商品详情页视频与电商主图视频类似，首页视频多用于展示品牌文化和商品设计理念等），但电商主图视频时长有限，因此设计人员必须根据目标选择一个明确的制作方向，再使用有效的表现方式来侧重展示不同的内容。图9-3所示为以商品展示为主的电商主图视频和以品牌展示为主的电商主图视频。

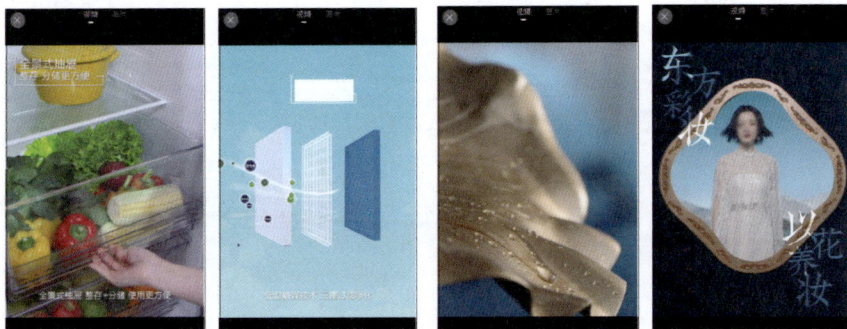

图9-3 以商品展示为主的电商主图视频和以品牌展示为主的电商主图视频

在确定了电商主图视频的主要展示方向后，再确定其视觉定位。以商品展示为主的电商主图视频，其颜色搭配、文案设计、字体设计等都应该与商品特性相符合。比如，某个以年轻女性为主要消费群体、风格比较明亮可爱的商品，其电商主图视频颜色搭配可使用马卡龙色，字体可使用细黑、细圆、卡通体等与目标消费人群心理、喜好、特点等相符合的字体；如果商品比较时尚、简约，需要突出体现商品格调，其电商主图视频的颜色搭配则可使用一些低明度的色彩或当季流行色，字体可选择黑体、宋体等；以品牌展示为主的电商主图视频，其颜色搭配可使用品牌色，字体可使用品牌常用字体，突出品牌特征，加深消费者对品牌的认知，图9-4所示的"蕉内"的电商主图视频，黑、黄、灰三色和简洁的画面具有极其鲜明的品牌特征，在展示商品外观的同时，也对品牌视觉进行了进一步的强化。图9-5所示的食品的电商主图视频，则主要使用了与商品颜色比较匹配的糖果色，并用对比强烈的黑色背景对商品进行衬托，在突显商品的同时，还提高了商品的视觉表现力。

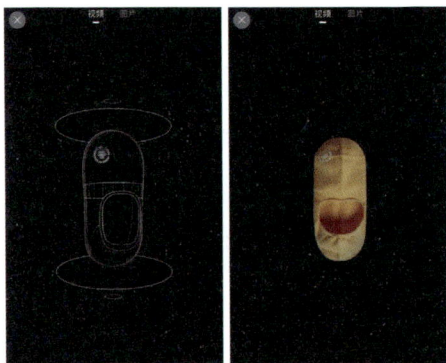

图9-4　以品牌色为主的电商主图视频　　　图9-5　匹配商品颜色的电商主图视频

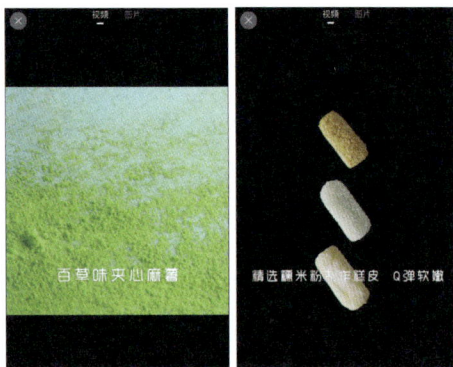

9.2.2　电商主图视频内容策划

优质的电商主图视频可以为店铺带来丰富的流量和优质的转化，特别是因视频质量较好而推荐至淘宝公域的电商主图视频，为店铺带来的直接利益和间接利益更大，因此商家必须重视电商主图视频的作用，按要求策划好电商主图视频的内容。

1. 电商主图视频的基本制作规范

淘宝的电商主图视频一般有16：9、3：4和1：1这3种尺寸，3：4适合移动端观看，1：1适合PC端观看，16：9一般可使人眼观感比较舒适，其中3：4和1：1更为常见。电商主图视频时长通常在9～60秒以内，30秒左右为最佳，这个时长的电商主图视频会优先被公域抓取。除了尺寸和时长，电商主图视频还必须保持720P以上的清晰度，高清的视频可以提高视频的播放质量，带给消费者美好的视觉感受，使其对商品和品牌产生好的印象。

2. 电商主图视频的内容选择

电商主图视频的主要作用是向消费者介绍商品和品牌，电商平台开发电商主图视频功能，是为了方便消费者更直观地了解商品，因此商家在策划电商主图视频的内容时，也应该结合消费者对商品的实际需求，主要突出商品本身。

- **以展示商品为主的主图视频**。通常主图视频会突出展示商品外观、商品主要功能、商品特点、使用场景、使用效果等，具体的视频内容选择根据具体商品而定。比如，服装、鞋包类以外观设计为主要卖点的商品，通常展示商品颜色、商品细节、商品大小、模特穿搭效果等，也可将模特穿搭效果展示在使用商品的日常生活场景中。而数码、家电等以商品功能为主要卖点的商品，则展示商品不同的功能、商品技术、商品材质、商品在实际生活中的应用等。总而言之，以商品展示为主的主图视频，需要提炼消费者需求的卖点进行展示，力求通过主图视频打动消费者，使消费者对商品产生兴趣，继而购买商品。
- **以展示品牌为主的主图视频**。通常主图视频不会对商品外观、功能等进行具体说明，主要对品牌文化、品牌理念等进行展示，体现格调、品质、深刻的品牌内涵，渲染出独具特色的品牌文化氛围，加深消费者对品牌文化的认知，使消费者对品牌文化产生认同和好感，将消费者培养成品牌的忠实客户。
- **以展示商品设计理念为主的主图视频**。通常主图视频通过人性化、情感化、专业化的视觉展示商品的设计过程，体现商品的品质，一般以外观设计、制作工艺、设计理念等为主要展示内容，具有独特的设计风格或具有相应设计专利的商品可以使用设计理念来制作主图视频，体现商品的独特性，吸引消费者的注意力。

9.2.3 电商主图视频的制作

电商主图视频的制作与图片设计一样，在保证视频内容的价值性的基础上，还要保证视频整体的美观性，让消费者既可以通过视频内容了解需要的商品信息，也可以被视频具有美感的视觉表现力所吸引，继而更加喜爱商品。电商主图视频的制作一般有两种方式：一种是商家自行拍摄和制作；另一种是委托专业制作方进行拍摄和制作。

- **自行拍摄和制作**。商家自行拍摄和制作电商主图视频，要求商家了解一定的摄影知识，只有懂得视频的构图、剪辑等，才能保证电商主图视频的质量。在拍摄主图视频时，可使用专业摄像设备进行拍摄，然后使用会声会影等视频编辑软件对视频进行后期制作，添加声音、文字、转场等效果，也可使用手机上的一些视频拍摄和编辑工具，如"巧影""乐秀"等。使用这些应用

（APP）可以快速对视频进行编辑美化，且操作简单，十分容易上手。

- **委托专业团队制作。**在淘宝的服务市场中，可以付费委托专业的主图视频拍摄和制作团队，这些专业团队会根据商家提出的主图视频制作要求对主图视频进行拍摄和后期制作，商家只需提供商品、辅助搭配物品等，即可在预约时间内快速获取质量较高的主图视频。

9.3 电商直播视觉营销

电商直播购物模式是一种新型的网上购物模式，消费者在观看直播的过程中，可以"边看边买"，在不退出直播的情况下，可直接购买主播推荐的商品，操作非常便捷。电商直播营销与通过图片、视频等介绍商品的营销方式相比，视觉表现力相对较弱，无须通过设计商品的视觉效果来吸引消费者的注意力，但直播营销的真实性、互动性更强，不仅可以让消费者更了解真实的商品，还能通过直播互动提高消费者的参与感，快速拉近与消费者的距离。

9.3.1 电商直播的主要模式

电商直播根据直播场地的差异，主要可以分为室内直播和室外直播两种模式，具体模式的选择一般根据商品特性和直播要求而定，只要能够生动、有效地将商品展示给消费者即可。比如，服饰鞋包等商品通常采用室内直播，主要通过主播的穿搭展示商品的真实使用效果。农产品、生鲜等商品则通常采用室外直播，将消费者带入真实的商品生产环境中，让消费者感受商品"原汁原味"的品质。图9-6所示为服饰室内直播和农产品室外直播。

图9-6 服饰室内直播和农产品室外直播

除了根据直播场地对直播进行分类，根据电商平台的直播功能性差异也可将直播分为不同的类型，如淘宝平台的直播模式，主要包括淘宝店铺直播、淘宝达人直播、天猫直播、淘宝全球买手直播。

- **淘宝店铺直播**。当店铺及运营类目符合直播的准入条件时，即有概率获得开通机会，适合一些中小规模的卖家。
- **淘宝达人直播**。由一定级别的淘宝达人申请开通的直播间，达人一般都有自己擅长的领域，商家可根据商品类目和特点选择适合的达人进行合作。
- **天猫直播**。当天猫店铺粉丝达到要求即可申请开通天猫直播，天猫直播受淘宝政策扶持，但对运营要求较高，适合品牌卖家。
- **淘宝全球买手直播**。主要为拥有淘宝店铺的进口商品卖家提供，在全球购频道进行展示。

9.3.2 电商直播的内容策划

电商直播是一种主要通过声音、图像传递信息的内容营销模式，有价值性、有吸引力的内容是吸引消费者注意力的关键。电商直播的内容应该围绕消费者和商品来策划，在直播模式选择、价值性内容的打造上都应该提前进行定位和规划，并在具体实施的过程中不断根据直播数据表现进行调整优化。

1. 店铺直播模式

从商家的角度出发，要想开展直播营销，主要有两种方式可供选择：一种是店铺自己开展直播；另一种是委托专业机构开展直播。

（1）店铺自己开通直播

店铺自己申请直播间进行的直播营销，对店铺本身的运营能力、资金投入等要求较高。固定、有特点的店铺直播形式可以提高消费者对店内商品的认知，赋予店铺和商品人格化的情感，维护与消费者的关系，且可以有效提高店铺消费者的活跃度，继而增加消费者对店铺的黏性和忠诚度，带动店铺复购率的提高。

当店铺直接开通直播频道时，其直播内容的选择可以是直接的商品推销，也可以是向消费者介绍商品研发和生产过程中故事性的内容、商品的文化内涵、品牌的故事和内涵等，介绍商品的具体使用方法、商品测评对比等，或者针对老客户设计专门的直播内容，为老客户提供福利，提高老客户的复购率，同时对新客户进行品牌认知培养等。

为了突出店铺和品牌的特色，提高直播内容的价值，商家应该选择自己擅长且与商品匹配的内容进行输出。比如，美妆品牌的直播，可使用品牌的相关产品进行美妆教程、美妆技巧的直播，并为消费者答疑。直播的内容可以是多元化的，如在不同日期直播不同内容，具体的直播内容运营需要进行多维度地投放和测试，根据消费者的真实反馈不断进行优化。

（2）委托专业机构开展直播

委托专业机构开展直播是指将直播任务委托给专业的机构，或委托给拥有一定粉丝基础的红人、意见领袖等淘宝达人。他们通常拥有比较丰富的直播经验，懂得某一领域内目标消费人群的喜好，可以输出受目标消费人群欢迎的内容，满足目标消费人群的需求，解决目标消费人群的问题。委托给专业机构的直播任务以销售商品为主，商品售出后商家再为主播支付佣金分成。

2. 价值性内容的打造

在进行电商直播时，直播内容越有价值、直播氛围越好，就越容易受消费者的欢迎，直播的效果往往就越好。因此商家在策划直播之前，需要对直播主题、直播流程、直播素材、直播素材准备等内容进行确认。

（1）直播主题

直播主题即直播的主要方向和价值，直播主题是吸引消费者进入直播间的关键。一般来说，直播主题可以从两个方向进行确认。

- **基于主播自身专长**。基于主播自身专长确认直播主题，即以突出主播的方式进行直播，如果主播交流能力好、语言影响力大，则直播主题可以偏向互动，以发挥主播的优势；如果主播在某个专业领域比较擅长，如对造型搭配、化妆护肤等有一定的经验和心得，则可以造型搭配、化妆、护肤等内容输出为主，给消费者讲解相关知识，提供专业的指导。例如，"在线教你画个新春妆""5分钟教您变美甲师"等直播主题就是内容输出型直播主题。
- **基于消费者需求**。基于消费者需求的直播主题，即分析直播间粉丝的核心需求，将消费者的核心需求作为直播的主题，如某品牌直播间的消费者十分关注商品价格，就可在直播间为消费者推荐更划算的购物方案，"情人节礼物""6折秒"等直播主题就是基于消费者的送礼需求和打折需求的直播主题。

（2）直播流程

为了保证直播过程的可控，在直播前，需要先明确直播的主要流程。直播流程需根据商家的直播运营要求、活动内容等进行具体设计，如将整个直播划分为预热、爆发、结尾3个主要阶段，预热阶段主要包括全部商品的简要介绍、优惠介绍、实时互动等环节，爆发阶段包括各商品的详细介绍、各商品的实际使用效果、各商品使用答疑、抽奖、互动等环节，结尾阶段包括抽奖、互动、下一次直播提醒等环节。注意，由于消费者会在不同时间段进入直播间，因此引导关注、福利介绍、重要商品信息内容等需要在直播全程反复提及。

（3）直播互动

直播互动是即时性的互动，效果十分明显，比较依赖主播的互动能力，主播的互动能力越好，直播间的互动效果就越好。同时，主播也可对直播互动方式进行提前设计，以提高互动效果，如设计好具有一定话题性的互动问题，引导直播间消费者回答和讨论，提高直播间的氛围，或者通过点赞抽奖、按时发红包等方式与消费者互动，延长消费者在直播间的时长。

（4）直播素材准备

直播素材准备是指对直播间主图、直播设备、直播间场景、直播商品、直播道具等进行准备。其中直播间主图主要用于引流，一张好的直播间主图可以大大提高直播间的流量，图9-7所示的直播间主图，与商品主图十分类似，既具有良好的视觉吸引力，又与直播主题十分契合。如果主播具有一定的粉丝基础，可使用主播照片作为直播间主图；如果直播主要以商品介绍为主，则可使用直播商品作为直播间主图。不管选择哪种类型的直播间主图，都需要与直播主题相匹配，方便消费者快速了解直播内容。

图9-7　直播间主图

此外，直播间的场景布置也应该尽量符合直播主题和商品特性，带给消费者更真实的商品使用体验。

知识补充

直播效果测试

直播内容的效果可以采用话题进行测试反馈，如在直播中围绕单个主题进行小型的话题互动，通过消费者反馈判断话题的有效性、话题内容的受欢迎程度等。此外，单场粉丝增长量、单场实时在线人数、单场点赞人数等数据也可用于评估直播内容的质量。

9.3.3　主播的选择

主播是决定直播营销效果的关键因素，一般来说，主播能力越强，直播营销的效果就越好，因此商家在策划直播营销时，首先需要选择一个合适的主播。

1. 主播形象

直播营销的内容主要借助视觉和听觉进行传达，而主播就是传达视觉和听觉的主要源头。对于一些以外观设计为主要卖点的商品而言，主播形象的好坏，直接影响着直播的效果，如现在淘宝直播平台上的美妆类、服饰类、鞋包类商品的主播，外在形象通常都很好，在展示商品时，可以为商品"增色"。除了主播的外在形象，直播对主播的交流能力、语言表达能力、心理素质等还具有一定的要求，要求主播普通话标准、有工作热情、有礼貌、耐心真诚、善于调动直播气氛，可以与消费者进行良好的互动。

拓展资料

主播的主要类型

2. 与商品相匹配

不管是哪种类目商品的直播，主播的穿着打扮都应该富有镜头感，符合直播的主题，并且与商品和品牌的特性、风格等相匹配，这样才能吸引消费者的注意力，将消费者带入真实的商品使用环境中，使其对商品产生好感。图9-8所示的数码商品直播、甜品直播和室内装饰直播，主播的形象都与商品很契合，体现了主播的专业性，更容易获得消费者的信任。如果要选择已经具有一定名气，或者比较专业的主播，也应该选择所擅长领域与自己的商品特性相匹配的主播。

图9-8　主播形象与商品相匹配

3. 了解商品和品牌

了解商品和品牌的主播，在介绍商品和品牌时说服力才更强。因此商家选择主播时，最好选择使用过商品，且对商品特点、功能、性能等透彻了解的主播，这样主播在和直播间中的消费者分享商品时，描述得才更加贴合消费者的需求，更容易与消费者产生共鸣，也更能让消费者信服。

4. 直播形式

直播形式是指主播在直播时推荐商品的形式，是直接描述商品并对其进行推荐，还是输出与商品有强关联性的有价值的信息，以此推荐商品。直接推荐商品可以在短时间内有效提高商品的转化率和销量；输出信息则有利于提高商品和品牌的曝光率，利用内容的价值吸引更多忠实消费者。比如，某主播的直播内容是使用店铺的主推商品设计一个与众不同的妆容，并在化妆的过程中对商品进行介绍，通过这种价值输出吸引消费者关注和购买商品。商家在选择主播时，也要明确自己想要的直播效果，再针对运营目标选择合适的主播和直播形式。

课堂实训——分析电商主图视频的视觉营销

实训目标

本实训要求分析图9-9所示的电商主图视频，从视觉定位和内容设计两个方面进行分析。

图9-9　电商主图视频（截图）

实训思路

根据实训目标，分别从视觉定位和内容设计两个方面分析电商主图视频的视觉营销效果。

- **分析主图视频的视觉定位**。该主图视频主要选择商品颜色的近似色进行颜色的搭配和对比，整体视觉效果十分柔和舒适。字体主要选择黑体类，通过文字大小、粗细的对比提高视觉效果，动态化的字体效果展示可以有效吸引消费者的注意力，引导消费者关注商品主要卖点。此外，还使用了一些简洁的形状对商品功能进行辅助说明，方便消费者理解，提高信息的传达效果。
- **分析主图视频的内容**。该视频以展示商品为主，在视频开头全方位展示了商品的整体外观，然后依次对商品的主要功能、核心卖点进行了详细展示。

📈 课后练习

练习1　分析电商主图视频的视觉定位

分析如何设计一款巧克力商品主图视频的色彩、文字、风格等。

练习2　分析直播视觉设计

假设某零食店铺打算与淘宝达人合作开展直播，试着列举该店铺对淘宝达人主播的主要要求。